目录

contents

前　言

古时有位贤人丢失了一串珍珠。心烦意乱之下，他派眼睛去寻找珍珠却没找到。紧接着，他又派耳朵去找，耳朵也没找到。之后，他派手去找，手也同样失败而归。于是，他动用五官一起去找，但还是未果。最终，他决定顺其自然，珍珠却失而复得！

——中国寓言故事

概　述

概 述

一堂来自弗洛伊德的心理培训课

1910年夏天，弗洛伊德和家人在荷兰南海海边度假。这时，古斯塔夫·马勒去找他咨询。马勒心情抑郁，加上与妻子阿尔玛之间出现了严重问题（与性生活不和谐有关），于是便去联系弗洛伊德。妻子阿尔玛在自传中写道，马勒当时身体状况欠佳。他总是沉溺于过去：童年生活混乱不堪，总觉得自己是身在维也纳的异乡人，担心自己身为作曲家得不到他人的理解，同时还病态地迷恋死亡。此外，他身为世界顶级指挥家，也肩负重担。这些想法不仅被他融入到了音乐主题当中，也对他的婚姻生活造成了毁灭性影响。而妻子阿尔玛烦透了他的神经质行为，很可能弃他而去，去追随年轻的新秀设计师沃尔特·格罗皮沃斯。这让他更为郁闷。因此，马勒决定去找西格蒙德·弗洛伊德帮忙消除内心的烦恼。

虽然（据弗洛伊德的传记作者厄尼斯特·琼斯描述）弗洛伊德一

般情况下不愿意在度假时被人打扰，但是像古斯塔夫·马勒这样的要人他也很难拒绝。然而，由于心存“疯狂疑虑”，前三次会面马勒都推迟了。弗洛伊德只好下最后通牒，明确告诉马勒 8 月末将是他前来咨询的最后机会，因为那之后弗洛伊德就要去西西里岛了。

二人在莱顿市一家饭馆见了面。饭后，他们沿着运河一边散步一边继续讨论，一直谈了 4 个多小时。这也是弗洛伊德做过的最长的一次心理咨询了。1934 年，他给西奥多·赖克写信时提道，“1910 年的一天下午，我在莱顿市对马勒的状况进行了分析。假如那些报告可信的话，当时他咨询我后各方面都有了很大起色。他那次去找我非常有必要，因为当时他有意对妻子克制性欲，这让她很是不满。探讨他的生活经历很有意思。咨询期间，我们发现了他在面对爱情时的个人状态，尤其是他的恋母情结。我非常钦佩这位天才高超的心理调解能力。现在已经丝毫看不出他有任何神经症状了。就好像你在某栋神秘建筑内部挖出了一条井似的。”马勒呢，会面结束当天就给阿尔玛发了一份电报，里面写道：“我真是太痛快了。和弗洛伊德交谈有趣极了……”虽然马勒并不懂心理分析，但是弗洛伊德称自己之前从来没有遇到过像马勒一样这么快就能搞明白心理分析究竟是指什么的其他人。显然，无论期间讨论了什么，两人的那次会面极大地改变了马勒的人生。

或许马勒在那次交谈中向弗洛伊德讲述了自己混乱不堪的童年，他一开始怎样对音乐产生兴趣，并从中获得乐趣的。或许他还提到作曲能力如何给他带来成功感，让他不把专横的父亲放在眼里。或许他还谈到了父母之间的关系多么糟糕、痛苦：父亲对母亲的家庭暴力行为，以及母亲如何大声哭喊着离家出走。或许他还谈到了自己的无助——他在音乐作品中重复表达了所有这些悲剧主题。

针对上述这些讲述，弗洛伊德很可能就马勒与女性之间的关系给出了评价，探究了这些关系的儿时诱因，讨论了他追求完美的想法、恋母情结以及其与马勒性功能障碍之间可能存在的关联。或许他还分析道，马勒在追求完美的同时，牺牲了与他人的情感联系，尤其是与妻子的相处。马勒写道，“其他人都是把别人搞得筋疲力尽，保全自己；我则是保全他人，唯独搞垮自己。”

尽管长达四小时的一对一咨询极其罕见，心理分析治疗（和培训不一样）往往会持续时间较长，甚至可达好几年。传统的心理分析往往提倡长期疗法，但是一开始，心理分析包括长期疗法与短期疗法两种。弗洛伊德对马勒的救治就是短期心理分析的典型例子。那次咨询看似只持续了 4 个小时——尽管是一次性的——但是马勒与弗洛伊德的会面产生了一些效果。马勒的性无能现象消失了，与妻子的关系显然也改善了。不幸的是，咨询后第二年，马勒就离开人世了。

阿尔玛·马勒在自传中也叙述了丈夫与弗洛伊德的那次会面，提到丈夫之所以联系弗洛伊德是因为担心失去她。弗洛伊德似乎告诉过马勒，他不管看到哪个女人，都会从她身上看到饱受虐待的母亲的影子。然而，马勒和女性的关系一直都很复杂。阿尔玛后来在书中写道，自己与马勒初次见面是在他 40 岁时，而当时他竟然还是个处男，尽管之前也有几个性经验丰富的女子曾尝试勾引他。此外，两人结婚之前，马勒给阿尔玛写信，要求她放弃音乐梦想，包括作曲。将来家里只能谈论他一个人的音乐作品。（又过了很长时间，他改变了这方面的部分要求。）他在那封信中还提到，婚后阿尔玛的主要任务是让他开心。阿尔玛只能为他一个人活着——就好像她应该成为马勒的附属品似的。

从上述很多评论中可以看出，马勒夫妇似乎深陷于施受虐行为而无法自拔，双方都需要找到正确处理彼此关系的方式才能维持生存。俩人的关系一直都很极端——要么全部，要么一无所有，要么生，要么死，要么彼此融合并丧失自我，要么失去对方。或许马勒只有在音乐上才体验到了满足、成效与建设性意见。

事实证明，马勒与弗洛伊德的会面非常成功，那么他之前为什么一连三次取消了两人的会面呢？或许他潜意识里对自身创造力有几分认识。难道他担心自己一旦与弗洛伊德交谈就必须硬着头皮去面对内心的邪念吗？既然他内心存在着这些冲突，那么应对这些冲突是否会影响内心的平静呢？分析自身问题会耗尽他的创造力吗？也许马勒一开始不愿意去见弗洛伊德是因为他认识到自己内心的个人冲突已经成功融入到了作品当中。

可以猜测，弗洛伊德的介入之所以非常成功，很可能是因为他针对马勒做了大量有效观察。弗洛伊德谈到，马勒的内心洞察力给他留下了深刻印象。不管两人散步期间谈了些什么，马勒后来返回维也纳时，也对自己与弗洛伊德的那次交谈评价甚高，就好像交谈过后他终于明白了该如何摆脱痛苦心境。那次会面之后，阿尔玛再也不去找沃尔特·格罗皮沃斯了（或者说至少是私下和他会面），马勒也对她的作品大加鼓励称赞。此外，马勒的未完成之作《第十交响乐》手稿中出现的标注也相当于写给阿尔玛的公开情书。不管那次与弗洛伊德谈了些什么，他肯定因此认识到了自己深爱妻子的原因，以及她在自己人生中所起的重要作用。不管怎样，弗洛伊德的开导让马勒夫妇的关系恢复了稳定，一直到 1911 年马勒去世。

人人都有教练

弗洛伊德与马勒的会面堪称一次非常成功的培训课。这次课说明短期干预也能取得很大成效。然而，要想广泛实践培训课还需要好多年时间（并不一定像弗洛伊德与马勒的会面那么深入）。早在20世纪80年代初期，领导力培训便开始迅速发展，但是一直到20世纪90年代，企业高管培训才得到广泛采用。当然，正如弗洛伊德－马勒的案例所表明，只要人们需要得到引导，就会一直存在某种形式的培训，尽管叫法可能不太一样。然而，在早些年代，聘请教练却是个不可告人的秘密，属于人们不愿意谈及的事情。假如你请了教练，往往表明你遇上了麻烦。如果有人建议你去接受培训，说明你做了错事，如今想借机来纠正它。因此，起初，培训就这样被污名化了。

如今，人们对领导力培训有了正面认识。事实上，他们在这方面的态度走向了另一个极端，聘请教练转而成了地位的象征。它意味着你很成功，所在单位认为值得投资培养。培训不再是个互动过程了。如今，快速攀升的企业高管往往会积极寻求培训机会，而且几乎所有高管都有教练。

当前培训非常流行的其中一大原因在于，许多高管已经意识到通过领导力培训可以获得一些专业技能，而这类专业技能在企业不一定能学到。另一大因素很可能更能说明培训为什么备受青睐，那就是大多数人都发现跟外人谈心更容易。外来教练更能够提供保密关系，高管可以自由讨论敏感话题，消除防备心理，探究盲点、偏见以及不足之处。

高管的职位越高，对专业技能的依赖就会越小，也就越需要有效的人际交往技能与情商。领导力教练在这方面能做出重大贡献。举个例子，高管的恰当管理风格有很多潜规则，这些潜规则往往很难解释。领导力教练能帮助高管破解这些规则，搞清楚自己应该保持怎样的行为与态度。教练可以帮助学员改善管理风格，探究未来的选择，讨论他们理想中的实际组织影响，还可以为高管的学习提供便利，帮助他们明确自身目标，并引导他们完成任务。

“高管的职位越高，对专业技能的依赖就会越小，也就越需要有效的人际交往技能与情商。”

教练还可以引导学员去关注他们原本没有认识到的重复性问题，并帮助他们认识到随着他们的不断升职，之前所认为的优势可能很容易会转化为劣势。他们还能帮助高管与同事、下属、上司以及其他股东更和谐地相处，认清可能对上述各种关系产生负面影响的行为，让他们学会去接受引发困难的行为，从而找到更有效的运作方式。

举个例子，高管误入歧途的最普遍原因便是愤怒管理困难：他们太过霸气；事情不如意时反应不当；不能很好地处理失败（不承认错误、掩饰问题或者找各种借口）；不能积极影响他人；得不到周围人的信任；抑或是生活方式不平衡。从最基本层面来讲，领导力教练的角色便是帮助高管承认并面对现实，而不是一味地回避、否认或拒不接受。此外，他们还可以帮助高管认清企业内部的例行防卫措施，并采取针对性措施。

优秀的领导力教练不仅能帮助学员改进自身表现，而且能引导他们努力去改变自我。他们能帮助学员摆脱不尽如人意、饱受冲突干扰的角色，努力适应新角色，扩展学员的视野，激励他们做出有效新承诺，转变观念，并开拓新的行为方式。

“教练有助于扩展学员的视野”

教练也可以帮助高管促成共识。换句话说，就是学会如何在工作

环境中更好地思考问题，并通过大胆的交谈更好地沟通问题。他们还可以辅助高管提出建设性的反馈意见，组建更高效的运作团队，创建能发挥员工最大作用的组织文化。

不过，要想成为优秀的领导力教练，还需要具备充足的心理技能与洞察力。教练不但需要认识到即可感知的事物，而且还需要识别隐藏在表面之下的发展动因。我们需要用第三只耳朵倾听，关注移情与反移情现象，辨别不同人之间无意识的情感新导向。我们还需要关注个人与人际动因。身为领导力教练，在他人敞开心扉时，以及我们需要向他人敞开心扉时，我们还应该意识到期间出现的一些不同动态。和其他任何亲密关系一样，培训会基于以往的行为模式和思维方式来创造新的心理动因。在比较传统的领导力培训中，这些问题往往得不到关注；在深度培训中，这些心理动因便是识别符，可以帮助学员。

然而，很多教练都没能认识到，这些动因一旦被激活，就有可能破坏他们之前的努力。假如这些无意识的关系需求很强烈，就很可能以某些不恰当的方式破坏培训活动。这些动因往往涉及痛苦与矛盾情感——而学员与我们在心理最脆弱的状态下很容易被打动——因此很难对付。但是，假如我们希望实现有效的培训任务，就需要以言语或非言语形式解决这些动因。这就要求我们多多留心。

正念领导力培训

南隐是日本明治时期（1868-1912）的一位禅宗大师。有一天，一位大学教授来向他询问禅宗。

南隐给教授倒茶时，茶杯满了，可是他还在继续倒。

教授眼看着茶杯里的茶水溢了出来，实在忍无可忍，于是便说：

“停！杯子满了！你不能再往里倒茶水了！”

“就像这只茶杯一样”，南隐说，“你内心充满了各种成见与猜测。我又怎能帮你学到其他知识呢？除非你先清空内心的想法。”

深度培训要求我们认真聆听学员内心的真实观点——就好比上述禅宗故事中的那名日本教授一样，教练需要拥有一只“空杯子”。在这类培训情景中，正念指的是想方设法让咨询者以直率、非批判性的态度去对待当下体验。可以把它看作一种独特的意识状态，与日常生活中的普通意识状态不同。正念有助于人们明智地判断什么重要，什么不重要。咨询者如果能积极反思，而不是匆忙采取行动，就有机会逐个琢磨不同观点以及不全面的想法，一直到这些想法成形，并促进新见解、新发展。与此同时，教练也能扩散思维，搞清楚周围发生的事情，而不是一味地过早下结论。虽然我们是靠“有为”才实现大部分成就的，但是正念则是借助“无为”来达到目的的，即要求我们在采取行动之前花时间进行观察。

“正念有助于人们明智判断什么重要，什么不重要。”

虽然正念是佛学禅修的核心内容，但这种做法自心理分析问世以来都是西方传统的一部分，也被用作心理疗法，只不过叫法不一。举个例子，西格蒙德·弗洛伊德认为正念是“注意力被均衡地暂停”的一种状态。他指出，心理分析师应该让咨询者的潜意识自由发挥作用，并暂时消除内心引发关注的各种动机。正是正念让弗洛伊德的心理疗法如此有效。

就领导力教练而言，正念的作用似乎在于帮助他们认清思想与情感的真实面目，而不是让它们控制自己的生活，抑或是不假思索地一味相信它们。从这个角度来讲，正念与心理分析中所说的反移情非常类似。反移情可看作是他人（学员）潜意识移情所引发的接收方（教练）回应。这种回应既包括情感回应，也包括联想思维。借助反移情情感，正念干预帮助我们意识到自己内心的想法以及身体感受，这样我们就能更好地应对日常情感与问题了。

早期推崇在领导力培训中采用正念做法的那些人认为，正念的最大益处在于提高领导力教练的有效性。然而，正念并不仅仅局限于教练行为，而是双向的。学员在学习与实践正念的过程中也会受益。虽然教练在工作中需要多加留意，但是同时也应该帮助学员领会正念技能。

那么，究竟什么是正念呢？正念意识与日常行为中的普通意识有很大不同。在日常行为中，注意力在常规时空中是向外发散的，通常旨在完成某个日程或某项任务，也会受习惯性反应模式的控制。正念有助于我们更深刻地认识某些想法的无用之处。它可以帮助我们加强关注内心与当下。正念可以让我们体验不做事或者不努力的感觉，而不是去关注哪些事情需要去做。在正念状态下，我们会自觉推迟日程，摈弃判断与共识。在这个过程中，我们同时会：被动、警觉、真诚、好奇、喜爱钻研。

除了被动接受体验，正念的目的还在于帮助我们与内心想法、情感以及身体感受建立与以往不同的、减少冲突的新关系。预期结果是能提高福祉——因为我们在处理困难方面花费的时间少了，从而能更多地去关注有意义的活动，也能更多地控制我们的自身想法。多亏了正念，以往的很多难题似乎全部消失了。

举个例子，我们内心偶尔会出现强烈情感，感觉很恼火、糟糕、难过抑或是开心。这些情感很可能让我们感到不适，难以承受，感觉自己无法控制内心，或者无法应对当下。正念有助于我们熟悉这些情感，并学会从不同的角度去审视它们，能让我们更好地理解自身情感，提高注意力与专注度，改善关系，丰富我们与学员的工作关系。虽然正念似乎要求我们放弃控制，但事实上它赋予了我们更大的内心控制权。难怪正念能带给我们均衡感，提高幸福感，并为我们的生活增添乐趣。

不幸的是，许多领导力教练根本不用心。他们之所以选择这个行业是因为从来没得到过他人的聆听，因此希望借助领导力教练这一职业来给有权有势的人提供重要建议，得到他人的聆听。这种心态是否能给学员带来真正益处，这一点值得怀疑。正如溢出的茶杯那则寓言故事，一个人的内心如果充斥着各种日程，就不会给其他人表达自我的机会。学员很快就会意识到教练并没有在聆听他们——这就会导致他们终止工作关系。只有当领导力教练真正敞开心扉去聆听学员，学员才能感觉到自己得到了聆听，培训才能产生效果。

如果正念能得到正确采用，就会非常有效，有助于促成个人见解与改变。正念有助于教练消除消极念头与痛苦情感，帮助我们和其他人消除多余的恐惧与无益的习惯模式。

深度领导力培训

正念以及深度培训能力紧密关联。在进行深度培训时，需要借助参照物，而参照物重要部分便是临床范式。高效的领导力教练好比园丁，现存问题便是花园里的杂草，我们得将杂草连根拔起，避免它们再次冒出来。

“正念以及深度培训能力紧密关联”

临床范式涉及一种分析法，这种方法会框架化我们所观察到的事物。“临床”这一说法表明该范式适用于现实生活。应用临床范式的目的在于帮助人们更多地关注此时此地的选择，从而重温过往经历，并自由发掘新挑战。正如我在关于正念话题上的题外话所表明的那样，如果我们希望以健康的方式发挥作用，就不能不了解自身。我们需要摆脱过往经历的束缚，并找到解决问题的新办法。

“如果我们希望以健康的方式发挥作用，就不能不了解自身。”

临床范式是基于大量假设产生的。第一个假设便是，理性是一种错觉。“不理性的”行为在生活中普遍存在。然而，我们所观察到的这种不理性行为往往“有理有据”，或者说有其自身的意义所在。理解这种依据非常关键，有助于搞清楚我们自身以及其他人的“内心世界”——即影响我们个性与领导风格的核心问题。

大多数事情都超乎我们的意识觉察之上。我们所看到的并不一定能得到。所有人都有盲点。关于自身有很多事情我们不愿意去了解。为了优先占有这方面知识，我们会诉诸于防御过程与障碍来避免那些不愉快的经历。不幸的是，许多人都因为自身的个性盲点而影响了成功。不过，为避免这种情况而去努力探索能够让我们对自身以及他人的个性有简单了解。有一点很重要，即我们需要认识到，这些障碍源自我们内心的各种冲突；我们需要接受一点，即内心失衡是人类身心状态的一部分。我们还需要认识到，大多数心理障碍在某个时候会成为解决生计问题的办法。要想更好地了解潜意识模式、防御行为以及盲点，就需要探究我们的内心世界，同时关注生活中重复出现的各种主题与模式。

所有人都是过往经历的产物，而过往经历就像一面镜子，我们透过它可以了解当下，展望未来。由于人生早期的一些沉重印记，我们往往会重复一些行为模式。有句俗语说得好，“摇动摇篮的手便是掌控世界的手”。人格结构的蓝图便是早期环境的发展结果，会受到基因遗传的影响。不管是否愿意，现在就是过往经历的延续。

探究过往经历与现在之间的关系非常有意义，有助于我们摆脱根深蒂固的习惯性行为。由于所有人的人生中都存在一些重复性主题，因此我们的内心世界就会被当前的各种关系重新激活。为了搞清楚自身行为，我们需要识别反复出现的这些主题与模式。悬而未决的关系模式，也即技术性移情与反移情行为，是此时此刻探究并解决难题的好机会。我们行为模式的适应度与非适应度都会为早期依附关系的发展方式所影响。

关于我们是谁这个问题，没有什么比我们表达控制情感的方式更为关键。情感会决定许多行为方式，情商关键性地决定了我们是谁，做什么。理智洞察力与情感洞察力并不一样，后者对我们的触动层次更深。要想了解他人与自身，我们需要去探究丰富情感的全貌。这些情感也非常关键，可以决定我们为什么做某些事情，为什么扮演某些角色，以及为什么对某些事情情有独钟。

人物趣事

20 世纪初，哈佛心理学家、哲学家威廉·詹姆斯将人分为两类，

“原生者”与“再生者”。他指出，“原生者”指不偏离常规之道的那些人。这类人总是处于舒适的熟悉地带。相反，“再生者”则会不遗余力重新改造自我，这往往是因为生活中的某些巨大变化引起的。经再三考虑，他们会渐渐认识到自己的人生太过墨守成规，如果他们不开始改变，就会陷入生不如死的状况。这就表明“再生者”会积极借助外部困境来妥善应对内心的邪念。

按照威廉·詹姆斯提出的心理结构，人生旅程始于呱呱坠地之时。然而，我们面对不期而遇的逆境，比如重大生活危机时，很可能会经历精神与智力挑战——换句话说，我们会“再生”。“再生者”——即那些经历过重大道德、精神剧变的人（举个例子，临近死亡）——很可能会超越自我限制之外。他们很可能会成功逃离自我强加的精神枷锁，发掘出富有想象力的应对逆境的方式。“再生者”得以重获新生。重塑自我的能力改变了他们与周围人乃至整个世界的关系。

最近，我有过两次濒死经历：先是在俄罗斯远东地区堪察加半岛雪山顶时经历可怕事故，然后是在医院被感染，差点致命。这些经历让我更深刻地认识到“再生”的真正含义。它让我对正念有所认识，也让我深刻明白——不止一次——怎样才能最佳利用生命这份宝贵礼物。它还让我深刻体会到了生命的脆弱。

我是西格蒙德·弗洛伊德所谓的“不现实职业”的忠实信徒。我既是领导力发展与变革专业的教授，又是心理分析师。从这方面来讲，我可谓萨满——萨满式教育当然是所有培训的原始参照模板。在人类历史上，是萨满教僧将阳世与冥府连接了起来。他们能确保以恰当的方式举行恰当仪式，从而让世界正常运作。他们还探索了有形世界之外隐藏的神秘宇宙，也是我们搜寻可视世界另一维度的见证人。在这样的背景下，显然萨满与当今社会从事助人行业的很多人所起的作用有很多相似之处。这些行业也包括领导力培训。

作为助人行业的一员，我很多年都在和高管打交道，他们一方面想更加优秀，另一方面又希望保留人性化的一面。从微观层面来讲，我是在努力帮助他们更好地认识他们的人生。从更宏观层面来讲，我的人生使命在于让企业重获人性化——让企业帮助员工展示最棒的一面，同时保留人文素质。不幸的是，我在工作中遇到了太多集中营式的企业。

我也会尽我所能预防出现不正常的病态领导力。这样做的其中一大原因是我出生于“二战”期间被德军占领的荷兰。那段历史在全世界造成了不可估量的人类悲剧。因此，我总是担心病态领导力所引发的可怕后果，这也完全在意料之中。我一直很好奇为什么有些人身为领导却会在工作岗位上滥用职权。当今社会的穆加贝和曼德拉之间的根本区别在哪里呢？阿克顿公爵的这句话被广泛引用——“权力导致腐败，绝对的权力导致绝对的腐败”——然而这样的劝诫并未使权力腐败变得更少。每当权力发出召唤，总会有一些人难以抗拒其诱惑力。

然而，我们决不能低估人类DNA当中原本就包含的利他动机。现代人在迅速进化，堪称当今地球上最为复杂的物种，这正是因为我们能够参与协同行为。我们决不能放弃人性。我相信，往好处想是有道理的——这无疑是故事潘多拉盒子的真正含义，不是吗？

没有希望就没有人生可言。正如拿破仑·波拿巴所说的——他肯定知道——“领导者都热衷于希望”。领导者需要能够激发下属的共同想象力，打造群体认同，帮助他们变得比想象中更好。身为领导力教练，我在日常工作中非常重视这项任务。我会帮助人们对未来充满梦想，也希望看到他们一步步实现梦想。

确实，每当我审视周围世界时，发现真正能改造他人的领导者并不多，也没见有很多领导者能帮助他人过上充实、充满希望的生活。相反，痴心妄想似乎更为流行，领导者总是想方设法去迎合我们的痴心妄想。我们当中“再生型”的领导者并不多。相反：当下到处都面临着领导力灾难，因为很多政治领导者做出了很多不利于领导力均衡的行为。不幸的是，在这样一个贪婪与焦虑并存的时代，短期利益盛行，而大胆、充满想象力的领导力则太过匮乏。“再生”思维少之又少。往往，唯一值得注意的便是一种形式的病态领导力是如何被另一种病态领导力所替代。然而，尽管现状令人沮丧，我并没有放弃与领导者打交道的机会。我真诚希望新一代领导者能直面挑战。当然，我也会做好准备尽我所能帮助他们不断前进。

我在前面已经提到过，我们并不是理智的决策者。所有人身上都存在盲点，需要去关注。要想发现这些盲点，我们可以留意德菲尔阿波罗神庙遗址上的那些文字：“认识自己”。这一言论古往今来都非常中肯。我们要想培养更优秀的领导者，就需要从自身做起。不过，我发现，最难发现的事物往往就在你眼前（此处改述歌德的名言）。

我们这个时代的模范领导人纳尔逊·曼德拉曾经说过，“假如你不改变自身，就永远无法影响社会”。为了解释清楚这句话的意思，我经常用隐喻来描述人们内心发挥作用的关键因素与重大力量。我经常告诉和我共事的领导者，学会如何对付内心的大象、刺猬以及衔尾蛇。

打个比方来说，大象就是我们的性格，它会对我们的行为产生无法控制的重要影响。我们总是不明白自身性格究竟在搞什么鬼。它具有多面性。举个例子，大象非常自恋，我们往往会过于乐观地看待自身；大象也很偏执，我们多倾向于质疑周围世界，这种心理可能会产生可怕后果；大象被冤枉时也会针锋相对，不会轻易接受伤害；最后一点，大象也很懒惰，不情愿改变自身行为。虽然大象很活泼，会对我们所有人搞破坏，但是只有承认它的存在，并与它反复较量（比如借助其力量来反击它），我们才能习惯与之共处。

刺猬呢？德国有位伟大的哲学家阿瑟·叔本华将人类与刺猬的社会距离不适感进行了类比。天气寒冷时，刺猬就会聚在一起相互取暖，但是很快，它们会发现各自的刺会伤害到彼此。然而，当它们分开后，很快又会感觉到冷。最终，经过多次尝试，它们会找到最佳距离，既能取暖，又不影响舒适感。对于人类而言，这一难题——我们既需要保持亲密，又需要保持距离——便是人们经常发现很难顺利开展团队工作的重要原因，不管是在团体、小组、企业当中还是社会上。

我们内心存在的第三种动物很神秘，那就是衔尾蛇，其形象往往是吞掉自己尾巴的毒蛇或龙。衔尾蛇象征着宇宙的周期循环：从毁灭得创造，从死得生。衔尾蛇吞掉自己的尾巴就是为了维持生命，这是重新创造与更新的永恒轮回。

衔尾蛇这一象征应该让领导者明白，任何事情不可能亘古不变，有些时候他们需要挣脱过往经历的束缚。不幸的是，太多领导者都非常符合阿尔伯特·爱因斯坦所谓的精神病定义："不断重复做某件事，却期待得到不同结果"。有些人似乎并不明白，当我们发现自己骑着一匹死马时，最明智的做法便是立刻下马。

为改变而开展团队培训

在 21 世纪的企业当中，高效工作能力对于领导而言非常关键，被贴上办事不利的标签是难以接受的。由于相比之前而言，21 世纪的领导者需要成为高效的团队合作者，实现这一目标的方式就显得非常重要。为了提升团队活力，我在大部分研究与著作中主张将领导力团队培训作为培养高效领导者的体验式培训基地。我所提出的领导力团队培训模式（融入了真实的案例分析）已经有 20 多年的历史，期间一直在开展高管项目，如今已经成功应用于全世界。在这个过程中，人们在他人督促中踏上心灵之旅，重塑自我。

我在前面提到过，我曾经做过心理分析师，并借助该名义集中关注领导力与组织生活的阴暗面。通过对失衡领导力与组织进行调查并撰写多方面相关材料，我开始更加关注功能的实现了——即推动高效领导力的因素。自从我真正开展领导力发展到现在已经有 10 多年了，期间我一直担任领导力发展中心创始人，该中心已经成为了全世界规模最大的一家——同时也是规模最大的领导力团队培训中心。在该中心工作期间，我一直都在努力让刺猬般的人类实现高效，并保留人性的一面。我帮助大家剖析自身性格，还鼓励他们去勇敢面对生死轮回。我一直都在努力帮助领导者打造所谓的最佳企业环境——即员工会处于最佳状态。在这类企业里，人们会从工作中寻找真谛，赞美一起共事的伙伴，并以自己从事的工作为傲，同时信任上司和同事。这样的企业观似乎最为理想，但是（我前面已经说过），没有希望就没有人生可言。

多年来，我在世界各地多个 MBA 项目中教授核心组织行为这门课程，而且一直都很喜欢教这门课。我感觉能引导年轻人在人际交往与职业生涯方面制定明智决策是一种天赋。我希望能帮助他们更好地了解内心类似大象、刺猬以及衔尾蛇的方方面面。

在最后一堂课上，我通常会给学生播放影片《野草莓》。该部影片是 1957 年由英格玛・伯格曼执导的黑白影视杰作。它讲述的是老人伊萨克・伯格的两次旅行——其中一次是从斯德哥尔摩去隆德参加名誉博士授予仪式，另一次为个人的心灵之旅。参加仪式途中，他做了各种各样的梦、白日梦，也遇到了好几个人（包括他冷酷的母亲），从而得以对自己的内心世界、人际关系以及人生历程中各种稀里糊涂的错事有了独特认识。我们也渐渐明白了他类似大象、刺猬的方面以及与衔尾蛇的斗争。尽管他在旅途中遭遇了各种挫折，那仍然是一场希望之旅。虽然他年事已高，在旅途中也得到了很多人的引导，他还是能敞开心扉去接受改变。该部影片传递的其中一个信息便是，做什么事都没有太晚一说——不过我们都很清楚，任何改变的必要条件就是改变自己的决心。

身为老师，我的目标是帮助他人更开心地生活——让他们找到一点点幸福感。从这个意义上来讲，我相信，幸福不止是身体健康或者记忆力糟糕的问题，更重要的是：有所为，有所爱，有所希望。我们感到幸福不是因为得到了原本没有的东西，而是因为我们认识并欣赏已有的东西。

“我们感到幸福不是因为得到了原本没有的东西，而是因为我们认识并欣赏已有的东西。”

古希腊人认为人生历程受几大神祇的共同掌控：命运三女神掌控着我们不可避免的命运；女神福尔图娜象征着运气与机遇；恶魔代表我们的内心世界，引领我们的步伐。这几大人物之间的相互作用方式永远处于不断进展中，在应对这一进展过程时，单单抱怨自己手气太差是不够的。人生的挑战在于充分利用手气，再差也无妨。真正的领导力会在困境中彰显出来。我之前已经说过，当今有很多领导很不幸，没能通过这场考验。他们迫切需要多与内心的衔尾蛇接触。然而，伟大的领袖则会考虑自己愿意馈赠后人怎样的遗产。我们希望留给后人怎样的印象？我相信真正的领导一定会采取有益于下一代人的行为方式。

关于本书

近几年来，人们开始广泛关注领导力教练，主要表现在从业教练数目，以及寻求领导力培训关系的个人与组织数目。培训需求大增后，该领域的出版著作数目也急剧上升。本书旨在从心理动力学正念的角度去审视领导力培训，从而有别于该领域的大部分著作。

本书的目标读者主要为希望进一步了解领导力培训的人，包括寻求培训机会的高管，需要制订培训计划的人力资源专家，研究领导力培训领域的学者以及教练。

本书对培训过程进行了深入细致的考究，主要集中关注多样化的个人与组织学习以及变革，其前提是对人类心灵的复杂性有所了解。本书不仅探究了领导力培训的战略与行为益处，而且还考究了其身为成人发展与变革基础的潜力。书中提出的见解有助于教练与高管借助框架来转变态度、信念与行为。

我在前面提到过，本书的目标读者为对培训感兴趣的那些人，他们希望进一步了解临床观察怎样才能帮助前来寻求帮助的人。我在撰写这部分内容时，尝试用通俗易懂的言语来诠释心理动力思维与正念，并将其许多概念应用于领导力培训实践当中。我还举例说明临床疗法的主旨在于了解被培训者的过去、现在以及未来，从而搞清楚其具体行为模式背后的原因。

我也将努力阐明，在培训过程中如能谨慎运用临床疗法，才能深入理解“事物表象”之下的全貌。我坚信，这些临床干预能为企业带来实际效益，因为它们有助于我们深入理解个人行为模式的重要性与意义、人性的内在结构、复杂的人际关系（包括被压抑的深层情感）、团队、团队动力学以及组织进程所扮演的角色。通过对临床手法进行巧妙应用，我希望读者获得的知识——以及正念——能为他们未来的更成功表现打造坚实基础。此外，这种方式有助于提高人们的认知与见解，从而帮助他们更好地去应对那些传统手法无法解决的情形。

我在本书中还将讨论这样一个事实，即要想成功培训他人，那么教练与学员双方都应该很清楚表象之下发生的事情会如何影响他们各自的行为。这一点非常重要。这就使得有必要去探究学员个性、隐含的潜在价值观、塑造他们性格的经历以及他们对他人产生的影响。此外，我还探究了这些动态因素是如何影响团队或组织内部运作的潜在力量。这些深入理解有助于学员在任何情形下都能高效工作。因此，总结临床培训手段有助于人们消除那些通常会扭曲合作关系质量与现实的个人或组织防御网。这样做就相当于开辟了一条道路，利于打造更充实、完美的组织生活。

本书分为两部分。前五章内容主要探讨当前领导力培训方面存在的重要问题，剩余章节主要讨论培训目标与手段。第一章讨论的是亲附，这个主题很关键，要想更好地理解人类运作方式，我们就需要搞清楚亲附模式；第二章的主要内容是宽恕之心，正是这种能力将普通高管与杰出高管区别开来，在培训关系中往往会出现“受害者”与“救助者”；第三章和第四章主要探讨了这些人的“游戏规则”；第五章主要讲述我所谓的“SOB 高管”——在这里，SOB 指的是迷惑性的业务恶霸，还谈及了促使这类高管取得可观成就的不正常行为，这就触及到组织生活当中非常敏感的一个话题——即我们应该留意高管层的精神病患者。

本书第二部分的重心有所转移，主要探讨了大量关键的培训问题，还包含案例分析。第六章围绕个人的培训历程展开——怎样才能成为高管教练，尤其是怎样才能更好地应对团队；第七章旨在帮助高管学习游戏规则，并为他们打造安全的游戏场所——所有教练都需要具备这些技能，缺少了游戏的一面，改变就不会出现；第八章讨论了转折点和变革动态；在结尾章节，我首先讨论了人们所了解的最出名、最古老的教练实例——即亚里士多德与亚历山大大帝之间的关系，并提出了自己对未来教练技能的大量顾虑。

我谈及这么多主题，旨在帮助未来的组织领导认识培训文化对组织成就的重要性。人人都有发言权的组织文化有助于大家积极应对劳动力、市场以及供应商的多样性，帮助他们理解这些因素会如何影响策略、生产率、市场渗透、学员服务、招聘成本、周转率以及其他组织动态。组织如果能认识到领导力培训的好处，就能从多方面受益：人际交往技能的提高；创造性思维；更好的冲突管理能力；更高效的团队行为；能更好地管理并推进个人与他人职业生涯目标；以及打造培训文化与最佳组织的能力。

我在撰写本书各个章节内容时，一直牢记一点，即良好的领导力教练能够带领领导者到达理想境地；然而，杰出教练则会带领他们走向未知领域。我在本书自始至终都呼吁教练进行积极反思。领导力教练和体育教练并不一样。多反思——进行正念练习——有助于提防领导力培训中出现的本能反应。优秀教练能够汲取知识并从逻辑与情感层面对其进行分析。真正的考验在于在问题恶化为紧急事件之前发现它。我们所有人都应该有志于成为优秀教练。在此我转述一句德国谚语，“身为教练必须听而不闻，视而不见”。

第一章

亲附需求：刺猬之吻

我还有个箱子在柏林。

——玛琳·黛德丽

家是你失去家园后去的地方。

——约翰·勒·卡雷

舍不得长时间看不到海岸是无法发现新大陆的（不入虎穴焉得虎子）。

——安德烈·纪德

概述

人们是怎样处理彼此之间的关系的？我们能接受的最小亲密距离有多近？我们先来看几个场景。

首先，假设你属于成功的专业人士（当然现实生活中你很可能真的很有成就），你工作效率很高，但是与大多数人的关系却很淡，也不长久，包括与同事和朋友。这样“正常”吗？还是说你和其他人不一样呢？你知道自己如果挨其他人太近就会感觉不舒服，而且总是很难完全信任任何人，你也很讨厌依赖任何人。但是，虽然你从来没觉得有必要靠近他人，但是却经常会扪心自问，自己的人生是否有遗憾。你似乎不大可能与他人建立深厚关系，或许你与他们的交情很浅，因为只有这样你才会感到自在。你是不是有什么问题呢？

现在，假设你是另外一位高管。办公室有个同事很黏人，惹得你很恼火。不管你干什么，去哪儿，她都会跟着你。一开始，她这么在乎你，你还有点受宠若惊，可是慢慢地你就感觉很郁闷。你也试过很有礼貌地告诉她，你需要一些私人空间，但是她好像没听到一样，照旧黏着你。此外，她还抱怨自己和他人的关系不像之前那么亲密无间了，除了她，其他人好像并不在乎这个，这显然让她很沮丧，这时，你会怀疑她之前的行为是否真的那么不当。她这样算是遭人嫌弃吗？究竟谁的心态不对，她的还是你的？可是，总让她黏着你也不合适，就好像只有有人时刻陪着她才会感觉舒服。究竟保持怎样的亲密才算正常呢？

上面两个例子是人际关系领域动力因素的简单反映。德国哲学家阿瑟·叔本华提出了著名的刺猬寓言，来诠释这样的情境。他认为，刺猬隐喻恰如其分地体现了人类社会。你与他人靠多么近时不会感觉不适呢？有些人可以跟其他人靠得很近；其他人则感觉太过亲密很讨厌。要想深入了解人际接触方面的问题，就需要研究亲附行为——即我们对他人在情感满足方面的依赖。究竟怎样的纽带才能将我们与其他人联系在一起，而且能保持经久不衰呢？

我们与他人的行为关系源自让我们感觉舒适的亲附模式。舒适感与不适感源头很深。人际关系模式早在敏感的青少年时期就已经成形，其雏形便是母亲（照料人）与子女的互动关系。最初的母子沟通模式便决定了子女现在与未来的亲附性质与品质。儿童成长早期形成的各种期待会影响他们未来的人际关系。

“最初的母子沟通模式便决定了子女现在与未来的亲附性质与品质”

早期教育中养成的沟通习惯会影响一代甚至好几代人与他人的交往方式。举个例子，父母如果缺乏安全感，就不会非常依恋子女。由于他们无法为子女提供健康情感发育所必需的亲附暗示，从而导致子女一生都遭遇关系挫折。这样一来，最初只是父母与子女之间的问题，如今却发展成了代际问题。亲附问题会这样一代代持续下去，除非有人站出来挣脱这一枷锁。认识到这些成长发育问题后，了解关系模式的本质就显得愈发重要。

子女如果出现亲附障碍，往往是因为他们幼年时期的照料人不善于表达情感，即他们的主要接触人要么有意克制情感、行为反复无常，要么长时间不能陪在他们身边，或者经常变来变去。如果遇上父母去世或离异，或者子女儿时曾遭受父母的身体或性虐待，而导致子女与其分离，就会导致情况进一步恶化。在这种环境中成长的儿童往往会遭遇自尊或身份认同问题，而且很容易陷入不正常的人际关系。

随着子女的不断成长，这些困难往往会以各种不同的方式展现出来。有些孩子很可能会过于黏人，总是担心自己与他人的关系破裂。也有些孩子（由于经受其他不正常的父母关系）会变得冷淡，无法与任何人建立长久关系，而且也很难信任他人，包括关系很密切的那些人。这些问题如不能及时得到控制，就很可能会持续到成人之后，而且学员一生都不能妥善处理人际关系（包括职场与家庭两方面）。

什么是亲附关系？

简言之，亲附指的是子女儿时与照料人之间建立的深厚、持久的情感纽带。这种关系模式，无论积极还是消极，都会为子女将来的各种人际关系树立基础。

心理分析学家约翰·鲍尔比在谈论亲附关系的学术著作中指出，儿童的心理表征或人际关系模型都会成为他们未来人际关系与经历的基础。根据鲍尔比的观点，亲附与分离是驱动人们行为与决策的主要因素。不能与照料人建立安全的亲附关系，可能与好几种问题行为相关。这些亲附模式的转化方式会影响自我效能（我们成功完成任务的信念）、自信心（我们对自身综合能力的积极态度）以及自尊（我们的自我价值与自我满足感）。

“亲附与分离是驱动人们行为与决策的主要因素”

亲附关系的形成能力是天生的，也是人类进化过程中的一部分遗产。我们天生就会做出大量预先设定的本能生物行为，正是这些行为让我们生存了下来。主动向母亲（或者其他主要照料人）寻求亲密感与安全感的婴儿具备进化优势。母亲如果能对这些孩子的需求做出回应并提供安全感，那么这些孩子更有可能幸存，并把自身的基因遗传下去。婴儿的哭闹、微笑以及拖曳等行为目的很明确，这些行为会让他们与主要照料人保持密切联系，避免遭遇危险，照料人会喂养并抚慰他们，同时告诉他们社会上哪些行为是对的，哪些是错的。双方的密切相互作用之所以顺利进行，是因为父母本身也有一些本能行为模式，比如在婴儿哭闹时抚慰、拥抱他们，发出一些吸引他们注意的声

音，以及模仿他们（比如，开玩笑模仿婴儿的面部表情）等。所有这些行为都有助于加强关怀行为。这些过程的主要目的在于维系婴儿与照料人之间的亲密关系，确保婴儿安全、受保护，这两方面是任何物种延续的必要因素。

基于幼年时期亲附行为的本质与品质，儿童会渐渐培养思维、记忆、信仰、期待、情感以及各种行为体系，这些行为也是他们参与并处理未来所有人际关系的重要参考。这些亲附模式发挥作用的方式在很大程度上取决于他们与照料人之间重复交互作用的性质与质量。基于反应程度（尤其是在备受压力的情况下），人们内心会形成上述关系的具体运作模型。这些模型可能是积极的（比如，他人值得信赖，可以帮助我们渡过难关），也可能是消极的（比如，没有人可以信赖，人们事实上并没有同情心，我们在这个世界上都是孤独的）。

虽然鲍尔比主要关注婴儿 – 照料人之间的关系性质，以及其对社会 – 情感发展的启发，但是他也坚称父母与子女沟通过程中形成的自我与他人关系模式也存在于其他各种关系中："亲附关系是人类毕生经历的重要组成部分。"他指出，婴儿对照料人的依恋动机体系也存在于他们以后的人际关系纽带当中。这些早期的关系模式会影响我们一生。

随着我们慢慢长大，我们会把对父母的依恋情感模式转移到生活中其他人身上。幼年时期形成的亲附品质会影响到我们成年时期的各种关系，包括浪漫的爱情、友情以及工作场所行为。人们谈论自身与情感的方式会揭示他们处理亲附情感经历的方式，以及规范待人接物行为的方式。具备安全工作模式的人往往更可能做出积极行为，相反，那些工作模式不安全的人的行为则会比较消极。

亲附情境

成长心理学家玛丽・安斯沃思和同事（对鲍尔比著作的后续扩展）在儿童观察研究中描述了大量内化并影响成人机能的婴儿亲附模式。他们挑选出三大基本亲附模式：安全（积极）型、焦虑矛盾型以及回避型（后两种都不正常）。

积极亲附模式

安全亲附型

安全亲附型子女的父母会对子女的各方面需求做出迅速反应，而且往往有求必应。他们还喜欢与子女一起玩耍，愿意和他们打交道。正是这些父母始终如一的恰当回应才使得子女与照料人之间建立起了安全纽带，同时子女也很愿意表达自身的情感体验，也愿意参与到创造性的、卓有成效的情感沟通活动中。这些父母为子女打造了“安全基础”，子女可以在此基础上成功探索世界。这一安全基础有助于促进子女的健康认知与社会发展；此外还可以建立信任与相互性，从而成为未来所有情感关系的参考模式。

照料人在身边时，安全亲附型婴儿非常愿意去探索周围环境。虽然当父亲或母亲走开时他们很可能会表现出某种程度的分离焦虑，但是只要父母一回来他们很快就会感到欣慰。他们会借助自身的基本安全感去审视他人，认为他们可靠、关心他人、值得信赖。

随着时间的推移，安全亲附型儿童会长大成人，成为安全亲附型成人。这些成人同样希望其他人可靠、有求必应，这一人生观会加强他们内心的安全感。他们认为其他人需要自己，认为自己很有价值、能干、受人喜爱。他们会形成自我安全感，其中包含成就感、自我价值感以及依赖于自主之间的健康平衡。安全亲附模式也有助于培养感同身受、同情心以及良知。

非正常亲附心理

如果儿童的亲附需求得不到满足，就会丧失安全感。自幼时起，他们就认识到寻求亲近得不到照料人的满意回应。如果抚养方式不当，儿童就会感觉很糟糕，认为自己多余、毫无价值、无助，甚至不受人喜爱。他们会觉得其他人感觉迟钝、伤感情、不可靠，而且不能满足他们的需求，也会认为全世界都不安全，人生很痛苦、繁重不堪。

这类儿童很可能会采取极端措施，为的就是从照料人那里得到某种回应，其中一种措施便是超活，另一种是减活——换句话说，要看看活动是注重接近他人，还是远离他人。这些策略可谓是主要亲附策略的夸张做法。第一种亲附模式（焦虑矛盾型）主要指通过强烈抗议或努力来恢复亲密关系；第二种模式（回避型）主要指压制或拒绝亲附需求，同时保持距离感。有些儿童总是渴望得到安慰与关注，其他一些——即回避型——则很可能选择保持情感距离，同时更愿意依赖自己，而不是他人。

焦虑矛盾亲附型儿童要比安全亲附型儿童更胆小、不自信。由于他们在幼年懵懂岁月时期从照料人那里得不到有力支持，因此在与他人交往时往往会产生持续的焦虑心理，以及高度夸张的负面情绪。照料人对这些孩子时而有求必应，时而摈弃，很难预测，从而导致孩子们内心充满焦虑，性格变得模棱两可。假如父亲或母亲离开时，这些孩子就会表现出极大的分离悲伤，等父母回来时又会显得摇摆不定、愤怒不已。他们会密切监控照料人，想时刻待在他们身边，遇上麻烦时反应也会过激。成年后，焦虑矛盾型亲附模式就会表现为希望对自己重要的人能陪在他们身边，对他们有求必应，否则就会陷入长期的烦恼与担忧中；这样一来，他们就会显得非常黏人，同时情感上吝于付出。借用叔本华的隐喻来解释，这些人就好比那些努力想靠近彼此的刺猬一样。

回避亲附型儿童在亲密关系方面也存在问题——这是因为照料人不能陪伴他们左右，或者不能对他们的表现及时做出回应。他们一与他人亲近就会感到不适、紧张。虽然他们很可能非常渴望与他人保持亲密的情感联系，但是却又不能很好地处理这样的关系。他们很少表现出对照料人的需要；也不会花很多时间希望得到照料人的关注；他们会尽力去独立解决问题。与他人保持距离成为了他们的防御心理战略。他们不大可能有（或者表达）同情心，甚至很可能会以他人的痛苦为乐。他们的行为有时非常惹人生气。这些人就好比那些因为担心自己受伤害，而总是与他人保持一定距离的刺猬一样。

成人亲附模式

成人后，青少年时期形成的亲附模式依然会塑造人们随后的亲附体验质量。然而，这并非意味着这些亲附模式会亘古不变。现存模式会随着新体验的出现不断更新、调整。早期的亲附挑战并不一定会导致人们陷入不安全的亲附生活中。不过，早期的不正常亲附关系会引发随后生活中不健康、矛盾关系的重复出现。成年后遭遇亲附障碍的人很有可能会表现出消极、挑衅性行为模式，同时还有可能做出自我毁灭的举动，往往还会伴随有感情疏远、愤怒以及沮丧心理。这些人不知道该如何与他人交往，更不用说与他人建立情感纽带了。控制需求意味着他们很可能会撒谎、欺骗或操控他人。他们的沟通与聆听技能也很可能非常差，而且很不愿意接受他人的引导。

“早期的不正常亲附关系会引发随后生活中不健康、矛盾关系的重复出现。”

遭遇过亲附障碍的人往往缺乏同情心。他们很难给予或接受情感，而且总是感到很沮丧、悲伤，但是这些情感不一定会外露。他们很难做出让步，当发现自己身处健康关系时，很可能忍不住想去破坏它。这是一种保护性反应——即应对焦虑的方式——因为他们担心对方会首当其冲破坏这段关系。这种自我毁灭模式的核心部分往往是对成功的无意识恐惧。当一切都进展很顺利时，他们总是忍不住想给自己找麻烦。

分类或维度?

近期关于亲附行为的著作提出四种亲附模式，可以被看作是安斯沃思与同事原先提出的三组亲附模式的延伸。新模式与三组亲附模式的区别在于，新模式在研究亲附行为时采用了维度，而不是类型这一角度。

按照新模式，可以将双方对彼此做出的回应。焦虑维度对应的是焦虑以及对拒绝和抛弃的警惕心理。回避维度对应的是与亲密度和依赖性相关的不适感——即不愿意与他人建立亲密关系。这两大正交维度描述了人际关系中出现的各种想法、感受以及行为。

在这一概念图式中，焦虑倾向高的人往往会担心对方是否有空、回应迅速或者专心；焦虑倾向低的人往往很信赖对方的预期响应能力。就回避型亲附而言，惯于回避的人不愿意依赖他人或者向他人吐露心声；回避倾向最低的人则对自己与他人的亲密关系感到很舒适，同时也能踏实地依赖他人，并情愿被他人依赖。

在这一维度体系中，保留了三类模式中的安全与焦虑矛盾型分类法，而将回避类亲附分成了两类：恐惧－回避型和排拒－回避型。

成人关系“互动”

安全亲附：借助这一理论框架，有安全感的成人在这两方面（低焦虑／低回避）得分都很低。儿时形成安全亲附关系的人很可能在成年后依然保留安全亲附模式。这些人的自我感很强，希望与他人保持亲密关系，自尊心相对较强，感觉深受他人喜爱，而且往往很容易就能与他人建立关系。他们会对自我（比如，认为自己很有价值、受人喜爱）和他人（比如，认为他们回应迅速、专注）持有积极看法，而且往往能与他人建立长期的信赖关系，很少担心遭他人抛弃。他们的生活很健康均衡：自身的独立以及与他人的亲密关系让他们感到很安全。他们对生活抱有乐观的态度，知道该如何控制并表达自身情感。他们还具备良好的社交技能，很愿意与朋友、伙伴分享情感，也很乐意吐露内心的真实想法、感受、愿望以及担忧。这些人认识到，自己感到有压力或面临威胁时，亲近他人（重要的亲附手段）能给他们带来舒适与慰藉。只要有需要，他们就会去寻求社会援助。他们很享受与他人之间的亲密关系。安全的亲附模式也有助于避免压力或创伤，有利于做到足智多谋与灵活变通。此外，他们内心的安全感也有助于自我管控，从而使他们能够更有效地控制冲动与情绪。总之，全世界人都感觉很安全，人生值得我们去珍惜。

“儿时的安全亲附关系很可能会持续到成年后”

焦虑矛盾型（心事重重）：属于焦虑矛盾（心事重重）亲附模式（低回避 / 高焦虑）的成年人非常善于自我批评，而且缺乏安全感。他们的生活并不均衡：由于缺乏安全感，他们总是在自我反对，在人际交往中倍感绝望。在与他人交往的过程中，他们可能会表现得很黏人，甚至让人喘不过气来，显得很焦虑、急需帮助、总是需要得到他人的安慰，而且对他人的关注从不满足。由于他们总是希望得到他人的聆听，因此很难对付。这类亲附行为还具有如下特征，比如感觉自己一文不值，总是需要得到他人的认可。因此，其他人很不情愿如他们所期望的那样接近他们。意识到这一点后，他们更担心其他人不喜欢自己了。担心遭到拒绝成为了他们内心挥之不去的心理阴影，同时也促使他们过度依赖他人。

然而，尽管他们总是在不停地向其他人寻求认同与安慰，不管任何人做什么都不足以消除他们的自我怀疑。他们担心自己不受人喜爱，因此经常会遭遇人际关系破裂。这往往是因为这些关系很冷淡、疏远。他们会感到高度焦虑不安，甚至希望与他人完全“融为一体”。具有讽刺意味的是，正是这种心理吓得其他人躲得远远的。

此外，他们很可能会专门制造事端来“考验”其他人，也正是通过这种方式来考察其他人是否会在任何情况下都与他们不离不弃。由于这种挑衅行为，他们经常遭遇人际关系破裂，噩梦也往往会成为现实。这就好比刺猬在努力寻找与他人保持适当距离时的遭遇一样。

高回避模式借助维度手段给出了两种选择：**排拒 – 回避型**（低焦虑 / 高回避）和**恐惧 – 回避型**（高焦虑 / 低回避），这与我们经常谈到的精神分裂症和回避型人格类型相对应。举个例子，做事缺乏条理或单亲家庭的父母培养出来的子女往往会形成回避亲附模式。由于他们儿时经受创伤时就不善表达情感，因此成年后会继续经历人格解体。这些人的生活很不均衡：他们缺乏连贯的自我感，与他人的关系也不明朗，很难与他人好好相处。属于恐惧－回避型的人希望多与他人沟通、联系，但是却担心遭到拒绝。相比之下，排拒－回避型的人们似乎根本没办法与他人建立人际关系。他们和其他人相处或者交流时很不自在，但是似乎并不在意这些，反倒喜欢独处。我们所面临的问题是，很难判定我们面对的人属于哪种回避亲附型。

恐惧－回避型：这类人为了避免受伤害或者遭到伙伴的摈弃会刻意回避亲附关系。虽然他们很愿意去他人建立亲密情感关系，但是却很难完全信任或者依赖他人，要么不能要么不愿意与他人分享自己的想法或感受，而且往往会找借口避免亲密行为（比如一起工作很长时间，或者一起旅行）。他们担心自己如果和他人太过亲近就会受伤害，在婚恋和社会关系方面投入的情感很少，因此在每段感情结束时几乎不会多么痛苦。其他共同特征还包括在高压时期不能支持搭档等。他们也很难表现出同情心。

排拒－回避型：这类人独处时非常自在，似乎不需要与他人亲近。他们头脑清醒，具备强大的防御体系，会将自身情感压抑在内心。这属于高度防御型自主精神。他们希望能够保持独立、自力更生，而不是依赖于他人或者受他人依赖。他们内心对独立的渴望往往表现为努力回避亲附关系，同时又不受与他人亲密相处时所产生情感的影响。他们往往独来独往，认为人际关系与情感毫不重要。面对冲突和紧张情形，他们的典型反应便是远离，生活也不均衡：闭关自守、独处，而且情感上与他人疏远。

你的亲附模式如何？

以下这份简短问卷是基于亲附研究人员制定并采用的几种不同评估工具拟定的，旨在评估亲附模式——即你与他人的沟通方式。通过填写问卷，你会对自身的基本亲附模式，以及它对你人际关系的影响产生更多了解。虽然该问卷无法全面描述你亲附模式的方方面面，但是却可以快速评估你与他人的相互关系。尽可能如实回答以下问题，并按照从 1 到 5 的分值给每道题打分。

1= 强烈反对

2= 反对

3= 中立

4= 赞同

5= 非常赞同

1. 我发现和他人距离太近时他们会刻意躲避。

1　2　3　4　5

2. 我总是担心自己与其他人的关系。

1　2　3　4　5

3. 我经常对人际关系抱有最坏打算。

1　2　3　4　5

4. 我担心大家知道我关心的问题后会不喜欢我。

1　2　3　4　5

5. 我发现很难想当然地认为别人在乎我。

1　2　3　4　5

6. 我总是担心自己做得不够好。

1　2　3　4　5

7. 我担心其他人不像我在乎他们那样在乎我。

1 2 3 4 5

8. 我总是渴望得到自己可能得不到或者不满意的东西或人。

1 2 3 4 5

9. 我希望其他人能不停地告诉我他们喜欢我。

1 2 3 4 5

10. 我总是担心和我亲近的人会弃我而去。

1 2 3 4 5

11. 我发现很难向他人表达积极情感。

1 2 3 4 5

12. 一遇到其他人表露情感我就会不自在。

1 2 3 4 5

13. 我发现很难向他人谈起我自身问题或担忧。

1 2 3 4 5

14. 我从来都无法和他人真正保持亲密关系。

1 2 3 4 5

15. 我更愿意和别人走得不要太近。

1 2 3 4 5

16. 我向他人打开心扉时感觉很别扭。

1 2 3 4 5

17. 我不太愿意请他人帮忙。

1 2 3 4 5

18. 别人和我走得太近时我总是会躲开。

1 2 3 4 5

19. 我发现独处很重要。

1 2 3 4 5

20. 我发现很难信赖任何人。

1 2 3 4 5

请计算你的得分，答案选 1 得 1 分，选 2 得 2 分，以此类推。

虽然这份问卷调查不能全面概括你的亲附模式，但是可以作为基础，促进你更好地认识自己更青睐的模式。假如你的总得分少于或等于 40，那么表明你具备安全的亲附模式。这类人往往对自己和人际关系都比较满意，愿意与他人交流情感，愿意找他人帮忙。他们往往拥有快乐、持久的人际关系，也不太会受制于心理障碍。

如果你在前十道题的得分就达到 40 或更高，那么很可能你的亲附模式属于焦虑矛盾型。相比安全亲附型而言，这类人往往对自己的人际关系并不是很满意。由于他们非常渴望与他人亲近，因此很可能表现得很黏人、疑心重重、过于依赖他人、嫉妒心重、控制欲望强，有时甚至很专制。

假如你在第 11 到 20 道题上的得分达到 40 或更高，说明你属于回避亲附型。分值越高，你的回避欲望越强烈。这类人往往人际关系不顺利，倾向于避免与他人建立亲密关系。就算他们努力去这样做了，也经常会出现缺乏信赖、不够自信等问题。不过，上述测试并没有刻意区分排拒－回避型和恐惧－回避型。

改变不正常亲附模式

虽然存在亲附障碍的人不能快速解决问题，并往往排斥改变，但是亲附模式是可以改变的。积极的生活经历或者恰当的干预有助于促进关系模式的改变。不过，要想促进这些变化的发生需要一个过程，而不是说做就做。调整不正常关系模式任重而道远。

对于大多数改变过程而言，这一改变过程需要首先认识到问题的存在。大量迹象与症状都可以表明不正常亲附模式的存在。表 1.1 对其进行了概括。

表 1.1　亲附问题相关迹象与症状

焦虑矛盾型：
· 自尊心问题
· 认为其他人难以捉摸 / 很难理解
· 人际关系理想化与贬值
· 占有 / 需求 / 黏人行为
· 冲动行为
· 不能为问题情形负个人责任
· 感觉不受重视 / 被冤枉
· 认为人际关系不均衡
· 关系不稳定
· 缺乏自我控制能力 / 极端情绪
· 混乱
· 因为生气而感到不快
· 对排斥很敏感
· 嫉妒
· 不善于处理人生逆境
· 上瘾
回避型：

续表

· 难以真正信赖他人、与他人保持亲密关系或喜爱他人 · 人际关系要么对控制欲望构成威胁，要么不值得努力维系，要么二者都是 · 很难与权威人士相处 · 强制性自力更生 · 对责骂敏感 · 不能支持他人 · 认为其他人靠不住 · 难以维系友情 · 以工作为借口回避人际交往 · 难以表露情感 · 明显缺乏同情心 · 对人与社会持悲观看法 · 消极或挑衅行为

很多经历亲附障碍的人都非常渴望得到爱情与关爱，但是却不能恰当地表达这种愿望。他们希望被他人接受，却又不具备赢得他人认同的技能。儿时的消极经历导致他们错误地将防御行为（比如否定、压抑等）当作处理根深蒂固情感问题的手段。他们往往还喜欢因为自身问题埋怨其他人（投射）。然而，消极的自我认知往往也会引发他们产生自责。这些人很可能也会进行自我摧残。假如出现好几次重大损失，就很难区分究竟是自我糟践还是造化弄人。

一步步改变

现代人非常理性，我们很善于自欺欺人。然而，要想为改变创造条件，就需要付出大量努力，在许多不同层面进行有效干预。可以选择以下改变策略来打破心理障碍，激励这些人表达（并实现）情感问题，包括心理动力认识、认知与情感重组、家庭与团队心理分析、矛盾干预、动机访谈以及心理剧（角色扮演）。有时候，假如有证据表明人们大脑中的内分泌失调引发了情绪波动，可能还需要求助精神病学家。（举个例子，抗抑郁药往往会让遭受亲附障碍的人对排斥情感的敏感度降低。）药物与谈心（心理疗法）的混合疗法很可能要比单独采用其中一种疗法更有效。

假如经历亲附障碍的人决定寻求帮助，那么教练或理疗师首先需要创造安全环境，鼓励他们敢于面对内心的问题。必须要营造疗愈性氛围或环境，这样大家都能无所顾忌地表达内心的脆弱了。这样做的目的在于帮助这些人一改从前的做法，学会信赖他人，并以更加恰当的方式表达情感。这也是过上更快乐、更有成效生活的第一步。

根据不同类型的亲附障碍，教练/理疗师需要调整救治技巧。比如，存在焦虑矛盾型亲附障碍的人身上存在的一大关键问题便是他们不会自我减压。由于做不到这一点，他们就会找其他人帮自己减压。这样就会导致出现恐慌，主要表现为极度黏人以及对他人的需要。这些人很担心自己的人际关系会破裂，以及可能引发的情感崩溃。从认知角度而言，有必要让这些人以积极思维替代消极想法（因为越消极越焦虑），从而减轻焦虑，这一点很重要。许多属于焦虑矛盾型的人会对他人的感受进行无端、消极猜测。不幸的是，这些消极思维过程会慢慢成为自我应验的预言。由于这些人善于进行认知扭曲，因此往往会把小事夸大其词，甚至为了自我防卫毫无缘由地与他人终止关系。

由于焦虑矛盾型人不能清晰表达自身的烦恼，同时缺乏人际交往技能，因此往往会置身于难以想象的境地。他们总是辞不达意，而且经常自设圈套。因此，学习如何有效沟通便成为了培训 / 理疗救助的其中一大主要目标。由于这类人的成长环境很可能不方便他们谈论自身问题或解决冲突，因此首先要强调教会他们如何进行有效沟通，从而解决自身问题。

挣脱过往经历的束缚有助于提升个人见解。经历亲附障碍的人需要认真对待引发不正常关系模式的过往问题。通常，由于童年时期的严重创伤，他们对照料人的记忆往往断断续续，有些记忆处于潜意识层面。因此，他们需要对这些童年困境进行梳理。这一点很重要。他们需要超越古老的不正常行为模式，寻找更适合当前生活的新模式。此外，他们还需要搞清楚自己在人际交往困境中所起的作用，认清自己在人际关系冲突中负有哪些责任。

在他人的帮助下学会去面对无法解决的童年痛楚是心理干预的重要目标。他们需要认识到年幼时的有效生存策略已经不再适用于成年时期。由于这些人当中很多都难以信赖他人，因此信赖练习可以作为课后作业，来配合干预措施。从根本上来说，他们需要重新审视对他人的看法，学会信赖他人，勇于对抗自我挫败行为，正视助长这些行为的难题。

虽然焦虑矛盾型亲附模式很难改变，但是对付回避亲附模式这类人是一项更大挑战。首先，他们不会主动去解决自身问题，只有在混乱状况严重干扰他们的生活，或者对他们产生负面影响时，他们才会去解决问题。这往往发生在他们为了应对压力或苛刻的生活事件时，由于应对资源往往会过度分散、应对不暇，从而出现这种情况。

回避型人士内心抱有许多自我限制性信念，以及对社会标准与自身的不现实看法。他们在社交中往往表现拘谨，感觉不善应酬。由于感觉自己能力不足、饱受压抑，存在回避亲附问题的人会想办法避免参加任何有关社交或者与他人互动的活动。因此，这些人要想对他人产生影响，就需要学会一步步正视他们最担心并习惯于避免的情形。全面接触（通过制订系统性联系计划）与重组不现实想法相结合有助于帮助他们步入正途。由于这些人总是尽可能回避社交场合，因此人际交往能力往往会衰退，或者从未真正发展起来。因此，锻炼他们的主要人际交往能力非常关键，包括一些非常简单的事情，比如如何开始与他人交谈并让话题继续下去。

不管在哪种形式的心理干预中，教练 / 理疗师都需要争取学员的信任，这一点很重要。否则，学员就会逃避培训或治疗。对存在回避亲附型问题的人进行此类干预，主要目的在于质疑他们对自身夸张的负面信仰——假如这些想法不属于意识层面，就更难对付了。

从心理动力学角度而言，不管是培训还是理疗有一点都非常重要，那就是确定早期经历的损失。在几乎所有类型的亲附干预中，从过去的损失经历中恢复正常情绪都是关键。人们需要解决痛苦与损失问题，意味着要对他们的情感根源进行学习和分析。

“从过去的损失经历中恢复正常情绪是关键”

在探索情感根源的“考古”过程中，明确并证实感受非常重要。人们需要在他人的帮助下了解亲附模式产生的缘由，需要他人的鼓励才能安全表达情感，搞清楚那些具体情感源自哪里，以重温的方式承认并接受儿时所受的各种创伤。只有重温并重新审视学员的过往痛楚经历，才能帮助他们愈合情感。

不管过去有过怎样的经历，都需要对其表示痛惜，否则就不可能放下心结。痛惜可能需要我们对错误的思维方式、态度以及见解进行认知性重构。要想解脱，就必须对这些行为模式的起源有所认识。通常，解脱意味着能很好应对与亲子依恋对象相关的、尚未得到满足的人际关系渴望。要想提升自尊心，还需要重组信仰体系与亲附关系心理反应，这也包括激发个人的心理状态缓冲体系——帮助人们对自身行为负起相应的责任，并努力追求幸福。

变革推动者的角色

上文举例中那些存在亲附障碍的人很可能会对教练/理疗师产生多种不同感受，这主要是由于正常亲附纽带被扰乱的早期经历。这些移情关系可能会采取多种不同形式。他们很可能认为教练/理疗师无法设身处地、不够关心抑或是过度关心、想方设法伤害他们、疏远他们或者讨厌他们，等等。这些情感非常重要，因为它们在某些方面反映了人的早期经历——最先妨碍安全亲附关系的那些因素。这些反应为干预与洞察提供了起点。

结尾语

亲附理论这一理论框架有助于我们更好地了解人际关系史对新关系的影响，及该影响的产生过程。我们由此可以认识到，形成于早期亲密关系体验的内部心理特征，将影响人的一生。

然而，考虑到这些行为模式在某种意义上的“心理幸存”中所起的重要作用，这些模式很难改变。就算有可能曲解新的关系信息，我们也更情愿吸收这些被曲解的信息，而不愿容纳与现存期待相悖的信息。不过，抵制改变并非意味着不可能实现改变。相反，人们的内心世界可能会随着新的私人关系或公开关系的建立而发生变化，同时对过往经历，尤其是与亲附相关的经历产生新认识。

不管我们什么时候开始改变自身，认识自身的亲附模式都非常重要。叔本华对刺猬僵局的戏剧性描述——即寻找合适距离——至今仍然很有道理。亲附关系会影响我们的人际交往、情感管控以及人生观的性质。认识亲附模式有助于我们理解并引导人际关系。我们处理亲附问题的方式会影响我们处理工作岗位以及家庭问题的方式，并决定我们在团队定位方面扮演的角色。我们所采取的每项行动，每次与他人交谈，都会加深我们对亲附体验组建方式的认识。

克服异常亲附关系绝不容易。我在前面已经提到过，这需要做大量工作，付出大量精力。这意味着调节我们的疏远感或封闭行为——找到解决刺猬僵局的满意办法；意味着学会通过理解幸福与苦恼的真正缘由来放松地自省；意味着学会建立更令人满意的关系，寻找更快乐的生活。

然而，只有当我们公平审视自我，正视亲附与内心的邪念，摆脱错误认识时，才能真正脱离亲附障碍。只有当我们做好准备去正视那些困扰自身的事情，并找到解决问题的办法时，才能真正得到治愈——这表明我们已经能够接受人生的许多起起伏伏了。正如禅宗的那句名言，“你握得越紧，得到的反而越少”。我们必须明白，一旦自己不再紧抓不舍，顺其自然，就会享受更多的自主。与此同时，我们也不能建立不带任何附加条件的关系，因为多亏了那些附加条件，我们才得以维系真正的情谊。由于害怕失去而回避亲附关系即是回避生活。

第二章

宽容的艺术：识别变革型领导

“他侮辱了我，伤害了我，打败了我，剥夺了我”，不产生这类想法的人不会心怀仇恨。

——佛陀，法句经

你眼不可顾惜，要以命偿命，以眼还眼，以牙还牙，以手还手，以脚还脚。

——申命记 21 章 19 节

宽恕让我们记忆中的痛苦成为过去。如果我们能让痛苦成为过去，那么仍然可以记住它，但是不再受它的控制。假如受控于记忆，我们就成了过去的傀儡。

——亚历山德拉·阿萨利

以牙还牙，以眼还眼……最终会把所有人都变成瞎子。

——马哈特玛·甘地

概述

任何个人、团队、组织、机构以及群体只有不沉浸在过往的伤痛中，才能向前发展。因此，真正的变革型领导者区别于普通领导者的其中一大重要因素，便是他们能把反感、痛楚以及责备等情绪转化为积极的弥补情感。领导者如果能宽恕他人，就可以消除内心积压已久的愤怒、痛楚以及仇恨，同时释放出巨大的被压抑能量用于建设性事业。宽容之心为人们提供了冒险、创新、学习以及提升自身领导能力的机会。真正的变革型领导可以借助宽容之心向追随者灌输自豪感、尊重与信赖，同时提高他们的献身精神、自我牺牲精神、动力以及业绩。

宽容意味着接受容易出错这一人类社会现象，展示出了人的勇气、脆弱、正直以及信赖。所有这些因素都有助于建立协作关系与情感联系。宽容能让宽容方与被宽容方都恢复常态，有助于推动他们实现卓越与进步；但是，这并不意味着忘却——宽容并非意味着宽恕已然造成的伤害，相反，回忆非常重要，因为少了回忆，那么过往的伤痛很可能会卷土重来。宽容意味着帮助大家更容易接受痛苦的回忆，否则这段回忆就会威胁到我们的生存。

宽容让我们重获自由

南非前总统纳尔逊·曼德拉的例子可以很好地说明宽容的力量。这位具有变革精神的政治领导人激发了全世界人们的想象力。他的尊严、谦逊以及勇气给亿万人民树立了榜样。1990 年 2 月 11 日，曼德拉站在南非开普敦市政大厅的楼台上，双臂张开，向渴望再见到他的成千上万名民众表示问候（自从他在罗宾岛被长期监禁后，大家都非常想念他）。谁能不记住这一场景呢？当时，他在全球播出的演讲中说："我以全民和平、民主、自由的名义问候大家。"

在克林特·伊斯特伍德 2009 年执导的影片《成事在人》（Invictus 是拉丁语，意为不可战胜、所向披靡）中，纳尔逊·曼德拉的领导力哲学得以重现。该影片是基于约翰·卡林的著作《化敌为友：纳尔逊·曼德拉与改变国家的运动》拍摄，审视了曼德拉（由摩根·弗里曼扮演）与南非国家橄榄球羚羊队队长弗朗索瓦·皮尔纳（由马特·达蒙扮演）之间的关系。当时，橄榄球代表着暴君游戏。

1995 年，橄榄球世界杯在南非举行，当时正值国内政局动荡。多年的种族隔离让许多黑人备受屈辱、虐待，因此强烈要求报仇雪恨，而白人少数群体则高度担心曼德拉领导下的南非将会变成什么样子，会成为彩虹国度，还是四分五裂呢？多亏曼德拉把握住了当时的机会，拯救了整个国家，否则就可能出现全国动乱。他认识到比赛场外的橄榄球具有更为深厚的意义，世界杯也很有可能发展为促进和谐与宽容的伟大象征。锦标赛开始前不久，曼德拉便邀请皮纳尔去官邸用茶。

曼德拉知道羚羊队会在第一轮比赛中被淘汰，但是他还有别的想法。那次与皮纳尔会面期间，曼德拉得以与他探讨领导力策略——向他讲解借助羚羊队来挽救国家非常重要——并请皮纳尔去鼓励和率领团队反败为胜。之后，他还赠给皮纳尔一本威廉·厄尼斯特·亨利的诗集《事在人为》，称这本书在他感到未来极其渺茫之时帮助了他。（这首诗的结尾很有名："我是自己命运的主宰 / 我是自己灵魂的统帅。"）

在这里，有一点很重要，需要记住，即尽管面对非洲国民大会大多数成员的强烈反对，曼德拉仍然向他之前的敌人伸出了援助之手。在总统曼德拉看来，过去的毕竟过去了；未来才最重要。他渐渐认识到人生中若少了宽容，自己（和其他人）就好比坐牢。尽管曼德拉所在党派大多数成员都认为他做得有些过火，他已经准备好证明他们错了。他向党派成员讲述了宽容的优点。引用他的原话："宽容可以解放灵魂，消除恐惧，因此它是一把强大的武器。"他明确表示只有通过宽容他们才能建立统一国度，打造共同的未来，否则国家就会持续充满冲突与混乱。

身着球队队长 T 恤，在埃利斯公园橄榄球场大步流星前进的曼德拉也成了民族和解的象征。他一面帮助占据多数的黑人恢复尊严，一面向南非白人保证他们不必担心黑人会心怀厌恶或进行报复。由于一直强调宽容，曼德拉成为了当时最受尊崇的政治领袖。他在宽容方面展现了自己的与众不同，并向世人展示了宽容比报复需要更多的勇气、毅力以及谦逊。他的行动堪称领导力方面的深刻典范，展示了宽容所具有的、能够挣脱痛苦与厌恶枷锁的力量。

将纳尔逊·曼德拉的领导力及宽容理念与津巴布韦总统罗伯特·穆加贝的理念相比较，就会大开眼界。穆加贝的世界观似乎完全不同。他没有选择大度、克制自我或宽容，而是选择了痛苦、复仇、愤怒与厌恶。他决定不仅要报复本国白人，而且还要报复持对立观点的大批黑人同胞。2000 年，他在武装团伙以及津巴布韦非洲民族联盟爱国阵线官员的多次支持下，鼓励激进的支持者（这些人当中有很多是 20 世纪 70 年代内战时期的老兵）强占津巴布韦 5000 家白人名下的商业农场。不管谁，只要不支持他，就会成为他下一个惩罚对象，这就引发了遭操纵的选举以及更多暴力行为。随后，津巴布韦的经济变得萎靡不振，众多人口在人权虐待的可怕威胁下过着痛苦、担惊受怕的生活。

你的情况呢？

假如有人伤害了你，你会有什么反应？你会迫切想要扯平——反过来伤害对方吗？你会不会不宽容对方呢？你会在余生都怨恨那个人吗？经过对自己的长期、认真审视后，你觉得自己更像曼德拉还是穆加贝呢？假如上述这些问题你的答案都是肯定的，那么你就和大多数人一样了：大多数人不情愿去宽容他人。宽容很难做到，而怨恨相对容易多了——正如厌恶之情。但是，那些愿意宽容他人的人情况如何呢？

宽宏大量的领导

我们都知道人生并不像平静流淌的河水。不管是和朋友、陌生人还是家庭成员相处，总有可能受伤害，而且这样的伤害时有发生。父母可能曾对我们太过严厉；老师可能曾对我们不友好；同事可能破坏过我们正在做的项目，或者生活伴侣可能有过外遇等。受伤害是人类社会不可逃避的部分。受伤害后最合乎逻辑的反应便是生气，想报复违规者，像他们伤害我们那样伤害他们，我们希望他们也体会一下我们的痛苦。不幸的是，很多人都曾经陷入这种心理状态而不能自拔。

人类社会的风云变幻在领导者身上更明显。领导力永远都不可能在真空中产生。领导个人与组织意味着处理各种人际关系，其中涉及大量的情感管理工作。领导者所处的环境中冲突普遍存在，假如得不到解决，这些冲突就会严重影响工作效率。因此，只有处理好冲突，组织才可能向前发展。

真正变革型领导者能够清楚认识记仇的代价。他们知道假如不够宽容很可能会引发混乱。杰出的变革型领导者明白心怀怨恨就会导致发展受阻，会拖后腿，他们会像穆加贝那样使所有人一起陷入僵局，而在穆加贝的案例中，整个国家都陷入了困境。相比之下，正如曼德拉所展示的那样，领导者能够宽容并不是软弱的表现，而是力量的象征。就像印度前总统英迪拉·甘地所说的那样，“宽容是勇敢者的美德”。

领导者应负责营造宽容文化，而营造这样一种文化有诸多好处。首先，宽容有助于培养忠诚度，并塑造良好的企业公民。在宽容文化氛围下的组织内部，人们更有可能付出更多努力，而这对于结果而言意义重大。如果人们感觉自己犯了错误得不到谅解，就不能发挥最佳作用，他们不会选择冒险，同时也会因为担心过去的失误而浪费精力。宽容还能帮助违规人对未来充满希望。在互相宽容的环境中，大家也更可能坦诚相对，而不大可能去隐瞒错误、失职以及坏事。他们很可能会打造培训文化，这种沟通方式会对结果产生积极影响。宽容有助于组织和谐，有助于人们发挥最佳状态。

要想激励员工，真正优秀的领导者需要保持平和，坦然接受自己的过往经历与当前发生的事情，其中包括原谅他人的犯错行为，不要心怀怨恨。只要我们消除怨恨，就可以与他人建立协作关系，减少矛盾，同时释放出大量能量，用于推动国家、机构、组织、团队以及个人向前发展。真诚宽容可以留住有价值的员工，提高他们的创造力与革新能力，增加收益，并带来更大的改变空间。

“要想激励员工，真正优秀的领导需要保持平和，坦然接受自己的过往经历与当前发生的事情。”

以眼还眼，以牙还牙

不幸的是，处于领导地位的太多人认为自己被冤枉时，总是习惯于满腔怒火，想要报仇雪恨，或者有意回避犯错者。这种行为是人类历史的遗留问题：复仇可以震慑越界的人，让他们离远点，不要再次越界，但是也有可能导致风险升级，或者引发不利后果。

从进化论的角度来看，这种反应或许可以作为社会与合作体系起源过程中的关键宗旨。对公平与否的强烈反应很可能早就存在于我们大脑当中。因此，当其他人伤害到我们时，我们就会“本能地”采取报复行为。报复或者对消极互惠的偏好一直都是现代人（以及我们的祖先）情感的重要部分。这也是我们自我保护的方式——使冒犯者不得逼近。

任何受害者——也包括犯罪行为、事故、童年虐待、政治监禁、战争以及次生伤害的幸存者——必须决定是否原谅作恶的人。在这一决策上没有妥协可言：我们要么决心原谅伤害过自己的人，要么继续心怀痛楚与愤怒。不幸的是，内心的积怨（尽管可以体会到暂时的满足感）会对我们的身心健康造成很大损失。

有很长一段时间，“以眼还眼”的报复法则被冠以不同名号，比如报复法、复仇法以及对等法则。有关该法则的第一份书写记录见巴比伦的《汉谟拉比法典》（根据巴比伦国王的名字命名。他在公元前1792年到公元前1750年期间在位）。《汉谟拉比法典》认同报复的惩罚理论，但是却相对人道一些，因为惩罚措施需要与所犯罪行相匹配。为了确保各个群体保持良性运作，必须根据报复的种类与严重程度划定界限。久而久之，复仇法就成为激励、建立、维持并调节人类所需协作行为的强有力武器。而且，正如我们所发现的那样，采取其他方式很难产生同样的效果。

尽管复仇可以被看作现代人进化遗传的一部分，我们被冤枉时并不是完全没有选择。假如愿意，也可以采取不同的反应。如果不能选择不同行为方式，人类就不可能幸存到今天。我们有权选择如何去对待伤害我们的人。诚然，我们或许认为报复是正当做法，但是与此同时，这也是我们情感方面最原始的做法之一。更危险的是，这样做也会引发对抗反应：报复很容易进一步招致报复行为，以此类推，从而导致人际关系进一步恶化。这也就是为什么很多社会都警告子民不要亲自去行使正义权，而是坚持认为只有国家本身才有义务与权利去惩罚罪人。

"报复很容易进一步招致报复行为"

尽管面临陷入恶性循环的危险，人类似乎发现相比宽容而言，厌恶更容易做到。宽恕冤枉我们的人比较困难，因为这样一来好像做错事的人不会因为自身的伤害行为而遭受任何后果，其他人很可能也会认为明显无反应是软弱的表现。导致这种状况更加复杂的是，有些人可能很享受受害人的角色，于是会继续生气、反感，从而进一步强化了受害人心理。考虑到上述这些不利因素，可以得出宽容需要付出大量努力与勇气。

报复既不痛快又不能令人满足

不宽容的思维模式并不愉快。报复既不痛快又不能令人满足。每当我们内心充满愤怒时，基本上不会出现其他情感。总是心怀厌恨需要花费大量精力。假如我们不能原谅伤害过我们的人，这些情感就会转化为心灵毒药，这种隐性药到头来只能伤害到自己。颇具讽刺意味的是，这样一来，那些伤害过我们的人——我们宁可忘却的人——会继续萦绕在我们心间。我们不但无法继续向前看，而且这些人会成为我们人生的一部分。然而，假如我们能消除内心的厌恶之情，就会感觉舒服很多。我们应该提醒自己，宽容并不是为了他人着想；而是为我们自己着想。宽容意味着要学会放手，继续生活，并实现更大自由。

厌恶、怨恨、痛楚以及复仇心理的代价都很高：报复这只多头怪永不满足。只要一个头被砍掉，另一个头马上就会从原位冒出来。报复非常耗费精力，因此过不了多久厌恶之情就会从其他情感中脱颖而出，导致生活充满反感与反击心理，陷入无尽的恶性循环——这未必是实现平和心态的诀窍。无数研究表明，痛楚与厌恶之情很容易引发应激紊乱，导致出现一系列对免疫系统产生负面影响的症状。此外，不原谅他人的态度与沮丧、焦虑、敌对以及神经质，甚至与早逝密切正相关。

“报复这只多头怪永不满足”

相比之下，堂堂正正宽容他人有助于实现更高水平的精神与心理幸福感，减轻焦虑与压力，减少敌对情感，降低血压与沮丧心理，以及酗酒或药物滥用的风险。乐于宽容的人患有冠心病的概率往往也非常低。因此，我们可以将宽容意愿看作心灵与情感成熟的标志。

宽容，而不是忘却

不过，宽容与宽恕罪过完全不是一个概念。它并不意味着我们应该原谅不可接受的行为——实际生活中的宽容指的是抚平而不是抹去遭受伤害的回忆。宽容意味着不再受制于过往经历的束缚，而是开创了新的铭记方式。真正变革型领导者，比如马哈特玛·甘地、纳尔逊·曼德拉以及昂山素季，似乎都明白这一点。他们并不重温过去的伤痛，也没有义愤填膺，而是选择平静与快乐。这是因为他们认识到真正的变革型领导者决不应该心怀反感、痛楚或怨恨。只要能做到宽容，我们虽然不能改变过去，但是能改变未来。

宽容究竟是什么？

《牛津英语词典》这样定义宽容，“给予特赦、放弃针对罪过或债务的索要”。换句话说，宽容指的是放弃或停止产生由某项罪过、分歧或过失而引发的反感、愤怒等情感。它意味着不再要求进行惩罚或赔偿；涉及重新建立之前因某种侵犯行为而遭到破坏的人际关系。

然而，可以从多方面认识宽容。它可以是情感、决策、行为或态度上的某种改变，也可以是包含情感、认知以及行为成分的动机现象。宽容可以被看作一种互动过程，其中包含宽容方（当然也包括需要宽容自己的人）、被宽容方以及二者之间的关系。宽容意味着，与我们存在某种关系的对方虽然做出了伤害性行为，但是我们仍然能做出积极回应，并控制消极行为的冲动。在大多数情形下，宽容不需要恢复性正义行为，也不一定需要做错事的人给出回应（例如他很可能离开了人世）。然而，假如违规人可以而且也确实承认了自身行为，给予了道歉，甚至请求原谅，那就再好不过了。

总体而言，宽容是个过程，期间消极情绪转化为了积极情绪，目的就是在人际交往中恢复正常情绪。为了实现这一转化，被得罪的人必须放弃报复行动。不过，这和原谅或赦免不太一样。宽容并不是说已经发生的事情可以被接受，也不是说造成伤害的那个人仍然可以参与到我们生活中，而是说我们已经坦然接受了痛苦，而且也准备好了放手。

宽容具有深刻的宗教根源。大多数宗教传统都涵盖了关于宽容本质的教义。其中的许多教义为现代的各种宽容做法提供了依据。一些宗教教义或哲学强调人们为自身缺点寻求神灵宽容的需求；其他一些则强调人们宽容他人的需求；还有一些则很少区分人类与神灵宽容。

宽容的人

是不是有些人要比其他人更愿意宽容呢？有没有哪些方面可以将他们与那些怀恨在心、复仇心重的人区分开来呢？简言之，怎样才能成为像曼德拉那样了不起的领导者呢？

有关人格特征的调研表明，越容易宽容他人的人情感越稳定，在人际交往领域中越是如鱼得水，而且经历的人际冲突也相对更少。心胸宽大的人往往也更愿意合作，同情他人，促进社会和谐。这类人往往可以接受对方犯错后能改过自新，或者可以合理减轻过失的解释。这样的世界观让他们更容易与他人和解。

人们在性格五要素的特质模型分类大框架下，对宽容与性格之间的关系进行了总体研究。基于这一概念模型，大量这类研究中最连贯、最为显著的研究结果便是人们的情绪越稳定，就越宽容。情绪不稳定的人们——更具体来说，即那些心怀怨恨、愤怒的人往往更容易实施报复或采取回避动机。有时候，越是外向、责任心越强的人也越容易宽容他人。在五大人格特质中，越随和的人也往往越宽容。然而，研究结果并未表明宽容与“开明”这一性格特质密切相关。

人的实际年龄也与宽容正相关：似乎随着年龄的增长，我们会变得更加宽容。越宽容的人往往越虔诚，道德越高尚。

心理动力学

上述五要素理论在理解宽容性格方面很有帮助。此外，该理论框架还可以通过采用心理动力学理论来进行扩展，借助心理动力学评估现实检验、情感管控、防护结构、认同感以及客体关系本质在宽容平衡方面所起的作用。我在与领导者打交道的过程中考虑过这些心理动力因素，并发现某些动力因素似乎可以将更加宽容的领导者与不够宽容的领导者区分开来。

强迫性反思：能否宽容的重要要义便是强迫性反思的程度与强度。反思指的是在头脑中“反复琢磨某件事”，涉及萦绕心间的无休止的内心独白以及可怕的强迫性思维。这些想法导致我们思绪不畅，日常生活也充满恐惧、无法忍受、容易情绪化。

这些难以抑制的持久回忆是导致一些人陷入僵局——无法继续面对生活的原因之一。在大多数情况下，这种强迫性担忧与当前关系（包括职场与家庭）是否稳定——即外部环境强加的担忧相关，与自身需求无关。可以预见，触发强迫性反思的常见原因是个人伤害。伤害越大，情感反应越激烈，在反思过程中的报复想法也会越强烈。表现出这类行为的人似乎总是在兜圈子。他们会紧抓罪过不放，在对待重要事情时倾向于回到原点。

考虑到情感问题时，不道德的反思通常会引发这样的想法，即如果我们能长时间思考某件事，并努力去理解其中涉及的情感，那么就能控制这些内部心理过程了。虽然事实可能确实如此，但是寻找根源很难。对于有些人来说，这种自我对话如此耗费精力，需要自我反驳精神，使得其正常进行变得极其困难。自然地，反思的内容（取决于伤害大小以及个体情感反应差异）非常重要，它体现了伤害引发的后续影响、动机以及行为；而同时，不管怎样，反思的强度对于预测报复行为的力度而言也非常重要。

存在强迫性反思问题的人在面对不公平时与其他人完全不同。如果人们普遍认为反思意味着在发生不良事件后脑力劳动负担加重，那么相比不易宽容他人的人而言，心怀宽容的人往往会进行完全不同形式的反思。越是宽容他人的人，反思的重点越不在于报复，而是希望抑制敌对、冷漠态度的恶化，同时对有罪过的人重新产生并维持积极的关爱态度。

反思过程中出现的内心想法并不一定受潜意识控制，而是按照一套完全不同的规则运行。因此，要想克服强迫性反思，我们就需要搞清楚这些内化规律——这个过程需要高度的自我觉察能力。虽然养成必要的自我觉察能力比较困难，但是只有了解我们的内心世界之后才有可能夺回控制权，并阻止这一有害反思过程。

要想解析这一有害反思过程，我们需要审视内心的想法，以及童年与上学期间发生的各种事情是如何构成这些想法的。有些人可能已经内化了父母以及其他权威人士制定的严厉规定；其他人则相对比较幸运，内心世界或超我更为温和，愿意宽容他人。超我中包含性格结构的有机部分——主要涉及潜意识，但并不都是——我们处理日常生活问题时依据的正是其中的道德伦理标准。

超我做出的批判、禁令以及抑制内化于大脑中，并构成良知。其积极渴望与理想代表我们的理想自我形象，或者称之为自我观念。健康问题很可能会导致我们无法组建公平、有意义以及令人满足的个人公平体系。被激怒时，遭遇负面童年成长经历的儿童很可能更容易做出强烈反应，因为那些经历会阻碍他们对对等行为形成正确认识，并因此引发心理病理行为与消极人际关系。它们还会影响这些儿童（他们成人后也是如此）应对屈辱、移情、愤怒以及侵犯行为的方式。尤其需要指出的是，严格、专制以及不公平育儿标准的受害人似乎更可能采取同样的报复手段来应对过往的伤痛与不公平待遇。羞耻心似乎在这当中发挥着重要作用——羞耻心越重，这些人就越容易发火、心怀恶意，同时也越可能采取报复行为。

移情水平：移情可以定义为一种替代情感，这种情感与他人的情感相一致，但是不一定等同。持进化论观点的一些心理学家认为，移情这一进化机制有助于激发利他与亲社会行为。移情包含情感与认知因素——从情感上来讲，它是指对他人的情感状态进行感同身受，从认知角度来讲，它指的是准确猜想他人经历的能力。

移情也涉及内化对他人的保护规则。这一机制有助于激发帮助他人的愿望，即使这样做会给我们带来损失。因此，移情作用非常重要，会影响人们建立有意义的社会关系、成为社会有用人才的方式。移情指能够猜想并感受他人的经历，因此是宽容能力最重要的决定因素之一。在移情作用下，大量亲社会现象，比如解决冲突、合作、利他以及抑制侵犯发生等，都会变得容易得多。

就宽容而言，移情还包括考虑到所有可能影响到罪过方行为的其他因素，同时还要考虑罪过方的人性。举个例子，受害人可能会猜想，有过错一方由于自身行为造成了伤害，或者破坏了人际关系，因此深感内疚、沮丧。移情还有可能导致受害方担心过错方会由于人际关系疏远而感到孤独寂寞。最后一点，可能也是最直接的作用便是，对过错方的感同身受很可能直接引发受害方努力去弥补这段关系。换句话说，移情可能会引发受害方内心产生渴望，希望恢复与过错方的积极联系。这样看来，对过错方的移情反应有助于淡化过错方有害行为造成的损害，从而相应地降低报复或关系继续疏远的想法。受害方很可能会为了减轻过错方的悲伤，同时也可能为了修复彼此关系而选择与其和解。

对受害方怀有移情感受的过错方也很可能会出于内疚，或者担心损失与对方的重要关系而选择道歉。当双方关系之前比较亲密、忠诚或者令人满意时，受害人也可能会对过错方产生移情作用；因此，过失行为发生前的亲密、道歉、移情以及宽容这几个因素之间密切相关。宽容的愿望表明，相比过失本身而言，过错方对受害方而言更为重要。往往，我们之所以原谅他人是因为希望以后与他们继续交往。

我们早在儿童早期就学会了移情。显然，教会我们这项技能的最好老师便是我们的父母。人生最初几年人际交往中表现出来的母婴同步，与儿时以及之后的移情水平直接相关。亲附安全感有助于移情的发展，因此为子女营造温暖、积极的环境，并通过同步互动（以及与子女谈论情感）来表达对子女需求与情感关注的父母培养出来的子女很可能更能做到感同身受。这是因为这种亲子沟通方式有助于促进儿童大脑当中自我调节暴力与冲动行为的必要抑制机制的形成。这样做结果显而易见：移情能力强的子女在学校、社交场合以及成年阶段事业方面的表现往往更优秀。此外，他们也更有可能成为领导者。相比之下，成长在亲附关系混乱环境中，以及亲历父母暴力（甚至虐待）行为的儿童则无法养成必要的内心机制来有效调节情感，其中包括羞辱感、复仇以及报复心理。这些人往往不大可能容易宽容他人。

虽然移情型领导者面对伤害他们的人时会很生气，但是他们仍然非常在意与对方的关系。总体来说，他们会被侵犯方所遭遇的痛苦以及悔恨打动。他们很渴望知道怎样才能减轻对方的罪过，而且也对自身存在的道德缺陷有切身体会。相比之下，缺乏宽容心的人（以及领导者）有这样一个共同特征，即他们会对所发生的事情感到非常生气，因而很愿意放弃之前的关系——他们会开始觉得过错方不配成为自己的同事、下属或朋友，甚至可能考虑到离婚，或慎重考虑要不要与儿子或女儿断绝父子 / 父女关系。

情感自制度

善于宽容他人的领导者不容易陷入生活的不公现象而无法自拔。缺乏宽容心的领导者则往往会陷入负面情绪的恶性循环中，同时更可能关注自己缺乏的东西，以及失败的原因。不足为怪的是，对于这些领导而言，权力动机、权威问题以及地位欲望才最重要。只要掌握了权力，他们就很可能扭曲他人对自身的看法。他们会浪费时间与精力将自身与他人做比较，这些比较对于他们的自我价值感而言毫无意义，还会对他人的成就心怀妒忌、怨恨、报复心理以及恶意。内心的邪念让他们不思进取。他们将大部分精力投入到了暗害自认为不顺眼的人上面。

这些邪念可能会引发极度的情感衰弱。假如得不到补救，这种状态可能会引发一系列负面影响。他们往往会大发脾气。只要一想到自己讨厌的人，这些领导就很易怒、急躁，但是却拒不承认自己对对方的憎恨。当这些负面情绪占上风时，可能会引发长期的不良后果，导致他们产生敌对、愤世嫉俗以及刻薄的世界观，从而会阻碍健康关系的建立，以及个人与情感成长。这会进一步引发自我表达困难，难以信任他人以及岌岌可危的自信心。这类情感往往会形成恶性循环，切断沟通或引发沟通失误。

通常来说，这种负面情绪低落是由于人们意识到自身的某种缺乏与不足，于是心生嫉妒邪念，导致他们给他人使坏。心怀嫉妒的人错误地以为自我价值只能通过拥有一些东西或取得一些成就来实现。这些领导者就算没有被剥夺什么也会感到痛苦。因此，他们难免会将自己和他人比较，认为自己处于不利地位：他们会与对方的成就、名誉、财产、运气甚至品格做比较。由于他们认为自己不具备这些特征，因此会看轻自己，并希望对方一举失去他们渴望得到的东西，从而有助于他们重获自尊。正是因为存在自尊或自我缺陷方面的内心冲突，他们会陷入消极的恶性循环：他们的苦恼也会导致他们更加嫉妒那些开心的人。当人们内心萦绕着这些情感时，就会经历炼狱之苦。

“你能选择朋友，却不能选择父母”，这句俗语非常适用于遭遇这类情感动荡的人。消极情绪很可能源于幼年时期：当兄弟姐妹之间出现争夺时，假如父母无法（或不愿意）修正这类行为，就会引发嫉妒。由于这些人（儿时和成人后都会如此）无法有效控制内心的冲动，因此很可能采取报复行为。所以说，我们嫉妒什么样的人，嫉妒他们的哪些财产或优势，都是我们自身、价值观、志向以及消极自我看法的真实写照。

“你能选择朋友，却不能选择父母。”

你足够宽容吗?

下列问卷调查旨在帮助你对宽容所起的作用以及你的宽容能力做快速评定。此外，它还有助于你认识自身的人际关系性质。尽可能如实回答问题，根据从 1 到 5 的分值范围进行打分。

1= 强烈反对

2= 反对

3= 中立

4= 赞同

5= 非常赞同

1. 假如我认为谁做错了什么，往往会一直消极对待对方。

1 2 3 4 5

2. 如果有人对我不好，我会进行打击报复。

1 2 3 4 5

3. 如果有人伤害了我，我会一直粗鲁地对待他们。

1 2 3 4 5

4. 我很难应对糟糕局面。

1 2 3 4 5

5. 如果有人不信任我，我就会轻视他们。

1 2 3 4 5

6. 假如我认为别人做错了什么，就会一直心怀怨恨，情绪低落。

1 2 3 4 5

7. 我很容易对对方进行打击报复。

1 2 3 4 5

8. 就算请求原谅，我仍旧觉得窝火。

1 2 3 4 5

9. 我不太容易原谅他人。

1 2 3 4 5

10. 假如他人的言行伤害到我，或令我失望，就算他们因此感到悔恨、悲伤，我也很难接受。

1 2 3 4 5

11. 我经常觉得生活对我不公。

1 2 3 4 5

12. 我坚信，假如有人做错了什么，或者行为不当，都应该得到报应。

1 2 3 4 5

13. 我似乎比其他人更容易和别人吵架。

1 2 3 4 5

14. 我经常对事情感到不满。

1 2 3 4 5

15. 我总爱打抱不平。

1 2 3 4 5

16. 我经常会提防他人伤害我。

1 2 3 4 5

17. 如果我觉得对方背叛了我，就很难原谅他们。

1 2 3 4 5

18. 如果有同事占了我便宜，我很难原谅对方。

1 2 3 4 5

19. 我很难释放内心的愤怒或仇恨。

1 2 3 4 5

20. 我不具备宽容他人的世界观。

1 2 3 4 5

计算你的得分，问题答案选 1 记 1 分，选 2 记 2 分，以此类推。

看看你给自己的评分，并计算总分。如果你的得分不超过 40，说明你属于易于宽容他人的人。如果你得分不少于 80，说明你不属于容易宽容别人的人。不过，假如你努力去宽容别人，就会更快乐。假如你的得分介于 40 到 80，说明你可以宽容他人，但是不太容易做到。

宽容的艺术

马哈特玛·甘地曾经告诫大家，“弱者永不宽恕。宽恕是强者的特性”。我们无法改变已经发生的事情：过往的一切将无法删除。不管我们经历过怎样的伤害，它们都将永远与我们同在。因此，关键问题在于我们该怎样面对这些过错，并消化这些情感。对于有些人来说，受伤的记忆犹如不可抹去的视频一样植入了他们脑海中。他们每每想起那些受伤的经历，都会再次体会同样的伤痛。其他人或许有更好的处理办法——他们知道该怎样不去想那些经历。结果如何主要取决于受伤的一方是否准备好原谅对方。我们应该扪心自问，自己是否希望在余生继续体验本不应该出现的伤痛。或者，他们也可以采取一些其他措施。

“过往的一切将无法删除”

约翰的例子

在我领导力项目中有位 CEO，暂且称他为约翰。他提出了自己和董事长之间出现的问题，顺便还提及了经常会出现的衰弱头痛症。他每次都因此很痛苦，导致无法正常工作。医生给他做了一系列测试，但是仍然没发现他哪儿出了问题，而他则不知所措，不知道自己为什么总头痛。我问约翰他能不能回想起自己什么时候会头痛。他想了想，说好像还真有一定规律。每次他和上级领导之间出现冲突时就会突然感到头痛。我问他是最近才开始头痛的，还是已经持续了很长一段时间了。他说自记事起自己就经常头痛，从他小时候到现在都这样。在我的进一步追问下，他告诉我，小时候自己经常和父亲意见不合。父亲脾气很暴躁，有时候会打他。约翰还记得他那时候非常痛恨父亲的做法，但是却很无助。他说自己那会儿都不和父亲说话——这让家里其他人都很郁闷，尤其是他母亲。不难想象，他们全家人很难聚在一起，尽管不是不可能。约翰也有很长时间没见到父母了。我问他是否已经情愿宽恕父亲了，既然这些事都过去那么久了。不过，我在问这个问题时，他的身体语言明确表示，他从来都没考虑过原谅父亲。

我在项目的下一模块又见到了约翰。当时已经时隔三个月。他看起来显得更平和、放松了。我问他期间是否发生过什么重大事件。果然，经过再三考虑，他还是主动给父亲发了一封“原谅电邮”。父亲也马上回了信，非常愿意接受他的宽恕，这让他很是惊讶。于是，他决定去看望父母，和父亲好好聊聊。这次的交谈促成了两人之后的一系列谈心，也让约翰对父亲有了不同看法。约翰是他在成长过程中一直都无法原谅父亲对待自己的方式——认为他不该那样养育子女——不过他深切体会到自己的一些做法对全家人而言刺激颇深，父母有时候肯定是一筹莫展了。然而，更重要的是，通过主动宽恕父亲，他又成了家庭的一员。他与家人恢复联系之后不但很开心，而且头痛次数也明显减少。他还发现在职场与上级打交道时也不会总是矛盾四起了。他本人也变得没那么苛刻，而是更宽容了。

一段旅程，而不是一次性事件

要想搞清楚宽容，我们需要明白这并不是一次性事件或一个决策，而是个过程。单单说抱歉远远不够。宽容是一个过程——需要时间、决心以及坚持不懈。不管慰藉心灵需要什么，这都是一个意识与潜意识里同时进行的学习过程。它和分离以及其他形式的哀痛一样，具备一定模式。鲍尔贝和帕克斯基于对儿童的观察研究所开展的工作有助于我们认识宽恕这一痛苦过程。

出现过错时，一开始人们都会很麻木、震惊，接着是否认，这些情感状态可能会让人们产生不真实感。紧随而来的是渴望、抗议，进而引发悲痛，主要表现为大哭以及万分焦虑。第三个阶段是混乱、情绪低落、无助感。最后，在宽容阶段，人们会整理情感，其中涉及释怀和展望未来。

这一阶段性模式并不一定具有先后性。在宽容过程中，我们的反应可能会反复后退或前进，期间发生的事情并不一定遵循意识安排——无论散步、玩耍、睡觉或者做梦，宽容都可能发生。

和解与宽容之间的关联涉及探究处在意识行为与潜意识行为边缘地带的宽容特征：包括内心与人际关系两个方面。内心特征指的是与过错（也就是内部状态）相关的认知与情感过程和说明，人际宽容则强调过错双方之间的持久关系。只有当这两方面因素相一致时才能实现完全宽容；否则，就会出现各种形式的伪宽容。

自我反思、自我认识与自我表达

宽容的第一步是，谨记心怀怨恨所需的精力最终会怎样耗尽我们的体力；报复渴望会如何玷污我们，甚至在无意中让我们也成为曾经伤害我们的那种人。我们应该承认，相比计较旧伤而言，宽容更有利于我们的身心健康。因为旧伤会成为负担，让我们目前的生活丧失乐趣。因此，自我反思能力非常重要，有助于促进我们积极对待他人，并推动社会交往与各种关系。

其次，在自我反思过程中，有必要了解过错发生的原因。同样，出于身心健康考虑，我们得找到答案才可以。这里，移情就起到了作用。站在过错方的立场考虑问题是搞清楚究竟发生了什么事件的必要条件。虽然我们很可能不认同相关阐述，但是需要通过自我认识去了解事件发生的原因。

第三，很有必要表达与伤痛有关的情况。如果少了这一步，我们就很难放手过去。如果过错给我们带来了愤怒、悲伤或伤痛，那么就应该深深体会并表达这些情感。显然，最好的选择便是冲着过错方发泄这些情感，尤其是他们可能并没有意识到自己所造成的伤害。如果我们在努力原谅对方，并希望与他们保持联系，就需要想办法让对方知道我们生气的原因，以及需要怎么做才能解决问题。不管究竟犯了怎样的过错，宽容方都应该充分表达自己的感受。仅仅努力去忘却并不够，因为单纯地无视情感并不利于真正的宽容。

第四，要想真正做到宽容，宽容方需要能在一定程度上确保类似的过错不会再度发生。不管是过错方真诚道歉，还是尝试解释，都需要在双方之间重新建立信任。不过，这种信任很可能并不持久，因为我们无法确定受伤害的人能否重获安全感。

宽容的最后一步是放手，这可能也是最难做到的一步。承诺不再心怀怨恨很难做到——消除怨恨意味着结束反思过程，不再考虑事件的不公平，同时表明将来不再纠缠该过错。然而，能够做到这一点也意味着放手权力地位；只有当宽容方放弃自己所处的主导地位，才能和过错方再次在平等基础上相互交往。对于很多人来说，最后一步才是宽容的真正挑战所在。

通往宽容的道路并不容易。有太多人困在中途，难以消除内心的苦痛与消极想法。但是，这些人应该记住自己仍然有选择。他们可以选择继续后悔，也可以换个角度考虑问题，因为凡事都是有原因的；也可以从过往经历中汲取教训。假如能这样想问题，他们就会明白如果自己当初不那么做，就可以避免过错的出现。他们还需要认识到宽容的过程并非仅仅指学会宽容伤害我们的那些人，我们还应该认识到人人都会犯错误。宽容其实是我们送给自己的礼物，这一点至关重要。只有通过宽容伤痛才能愈合。假如我们能消除怨恨，就不会再从伤痛角度来审视人生。

“宽容其实是我们送给自己的礼物”

伪宽容

要想真正做到宽容很难，但是假装宽容却再容易不过了。“道歉”只是临时措施，不能永久地抹去内心的伤痕。不幸的是，太多人陷入了伪宽容，因为这意味着他们不需要去面对不快。这些人不愿意面对现实，即潜意识的反感并不受传统逻辑或理智的控制。尽管人们表现出了宽容意愿，接下来发生的事情会继续引发各种不适，尽管从表面上看一切似乎都很正常。

举个例子，我们很可能不愿意承认自己对某位亲友的不满，这样就会导致在无意中掩藏内心的愤怒，目的就是为了竭尽全力“保全”我们与对方的关系。但是，这种自我欺骗意味着我们会一直充满反感；事实上我们不是在保全这段关系，而是在慢慢削弱它。只要在潜意识里伤害在悄悄积累，我们就不可能真正做到宽容。由于受到压抑，伤痛就会和其他相关情感一起逗留在潜意识的黑暗阴影里，久久不能消失。

虽然通过压制问题来忘却并不能解决问题，但是忘却确实能起到一定作用。这是个自相矛盾的地方：我们不应该忘却，但是却必须忘却。从情感与精神层面来讲，忘却是人生阅历很自然的一部分，也是人脑的天然功能。记忆的部分功能在于忘却，从而避免无用信息被编码，因为这些信息一经编码，就可能会分散我们的注意力，减少对重要问题的关注。忘却有助于防止大脑中塞满各种无关紧要的信息。因此，如果留给时间去平息复仇的渴望，缓解愤怒与反感心理，并认为这是人类进化发展的组成部分，那么宽容与忘却之间的关系就会更为复杂。因此，由于我们的大脑缺乏意识觉察，所以就算我们很难做到宽容，我们的潜意识也在努力这么做。

专业人士的帮助

然而，假如通往宽容的道路被中止，即假如过错造成了灾难性后果，导致我们无法继续生活，那么我们就需要寻求专业人士的帮助了。宽容一直以来都是心理疗法的组成部分，因为我们需要考虑导致我们不开心的内心感受。而内心“感受”往往与人有关，所以我们需要学会接受性格中的自我破坏因素。我们可以面对面地正视自身不利于宽容的部分。由于不宽容他人或自己带来的痛苦会对我们造成身心创伤，因此各种形式的心理疗法可能有助于我们去应对不宽容他人的各种症状，并促进宽容的实现。如果身体出了问题，那么心理疗法很可能还需要借助药物治疗才能完成，比如抗抑郁药或者抗焦虑治疗。

从治疗学角度来看，由于各种防御机制（否认、压抑、情感转移，尤其是投射）的作用妨碍了我们对问题的深入认识以及解决方案的出现，因此导致宽容变得更加困难。举个例子，将“罪恶”投射到他人身上是最常见的一种做法，因为这样一来我们就得到了解脱，不必亲自去应对这些问题。

而在治疗过程中，我们应该谨记自己无法控制那些伤害我们的人的思想或情感。光说这些人需要改变一点用都没有。而尽全力去宽恕不愿意承认错误、不渴望被宽容的人反倒会削弱宽容者的个人、内心潜能。假如我们致力于宽容，那么只有同情他人的缺点，认识到人类自身的缺陷，同时知道真正的力量只能源自内心，才对我们有益。但是，要想做到上面这几点，需要我们深入内心世界。我们需要消除内心的复仇或受害等负面想法，重新关注我们自身与其他人的积极方面。努力想做到宽容的人需要认识到人生包含有一系列学习体验，所有的经历都能让我们变得更加明智。成长过程就是一个消除愤怒、怨恨、仇恨以及反感情绪的过程。

霍布森丛林状态

换句话说，人对待同类的方式与狼相似。只要审视人类历史，就不难发现这一著名真理。所有人都有阴暗的一面。很少有人堪称圣人。在许多时候，圣徒可能是刻板、顽固、严肃或者教条主义的借口。寻求成长与个人发展机会的人不可能生活无可挑剔，总是很善良、面带微笑、性情温和。愿意从过失中吸取教训，知道怎样弥补，不再犯同样的错误，这样的人才更现实。也正是这些人推动了社会、机构、组织以及个人不断向前发展。

报复与和解似乎是现代人社会与发展过程中的重要组成部分。以牙还牙的心态表明，人际关系需要平衡与互惠。与生俱来的公平竞争意识是人类社会的一部分。假如公平竞争的规则被破坏，我们就很容易发怒。为了在宽容与报复之间寻求平衡，我们费尽了心思与力气。面对过错，报复似乎是人类的默认做法，但是报复行为却不利于有效的制度建设。

现代人类史告诉我们，报复会进一步招致报复，并引发无休止的仇杀与冲突。历史还告诉我们，我们总是需要各种形式的恢复正义等社会控制手段来管控暴力复仇。社会上更需要的是个人与社会愈合，而不是惩罚。

宽容会改变社会、机构、组织、团体以及个人运作的方式。正是宽容引发了转型变革，真正变革型领导者非常认可这一特性。他们非常理解人类社会——清楚其脆弱之处。是人就会犯错，因此宽容可以使错误、失败、缺陷以及崩溃成为人们唤起自身以及他人内心更多智慧、同情以及能力的机会。少了宽容，任何环境（无论社会、机构还是组织）中的生活都会异常艰难。

真正的变革型领导者可以学会宽容，并借助失败与意外情况激发同情与理解，从而创造更多内部和谐与自我修复。这样大家就敢于表达自己的想法了。宽容有助于创建和谐组织，因为它提供给人们在组织内部冒险、学习并锻炼领导能力的机会。宽容不仅是为他人考虑，更是为自己考虑——领导者也应该希望得到宽容。

精神病学家托马斯·萨斯曾经说过，“愚蠢的人既不宽恕也不忘记；天真的人既宽恕又忘记；聪明的人懂得宽恕但不忘记”。我在前面说过，宽容是希望的重生。只要能做到宽容，就能重建梦想，因为宽容是实现自由的关键，也是摆脱无休止反感与报复心理的方式。虽然宽容无法改变过去，但是却有助于打造崭新未来。

第三章

你是受害者综合征的受害者吗？

第三章　你是受害者综合征的受害者吗？

自怜堪称最具破坏力的非药物性毒品；它很容易让人上瘾，能给我们带来一时之快，也能导致受害人脱离现实。

——约翰·加德纳

如果说这不是我们的错，我们就不能为其承担责任。如果我们不能为其承担责任，就将永远沦为其受害者。

——理查德·巴赫

自己掌握命运会怎样呢？非常恐怖：那就是谁也不能错怪。

——艾丽卡·容

简介

你认识总是表现得像受害者一样的那些人吗？即一有糟糕事情发生，就会埋怨别人的那些人。他们会埋怨家人、搭档、同事或者觉得导致他们受害的任何事物吗？这些人所生活的世界似乎除了受害人就是加害者，偶尔会出现拯救者。如果你曾经试过去帮助他们，有没有发现要想让他们摆脱困境相当折磨人呢？你提出的每一条建议都会被他们轻蔑无视或者拒绝，你对此反感吗？只要满足上述任何一种现象，说明你所面对的人可能患有受害者综合征。这类人总是抱怨生活中的“一些糟糕事情”，而且事发状况不受他们控制。不管他们去哪儿，似乎都会惹上麻烦。

这并不是说这些人在捏造事实。相反，他们的故事都是真实发生的。人人都可能碰上糟糕的事情——这就是生活。人生并不是玫瑰园。但是可以采取许多不同方式来处理我们遇到的各种困难。面对人生障碍时，大多数人都会采取一定措施，然后继续生活。但是存在受害人心态的人则做不到这一点。在消极人生观的影响下，所有挫折都会转化为重大灾难。就连他们吸收信息的方式也可能引发混乱与压力。让这一难题更为复杂的是，患有受害人综合征的人很容易导致困境恶化。这听起来可能有些奇怪，但是他们往往是自愿成为受害人的。更具讽刺意味的是，他们通常也能成功找到心甘情愿的施害者。

更糟糕的是，存在受害人心理的人很难对付。他们极其相信宿命论。由于他们认为自己无法控制事件发生的方式，因此责任心很差。生活中只要遇到消极结果，他们就会称自己无法控制局面。假如有人努力去帮助他们，或者提出解决困境的办法，他们反而会摆出一大堆理由，证明为什么那样做行不通，而其中一些理由很是处心积虑。他们的问题显然很独特，因此永远得不到解决。他们似乎总是在努力证明帮手错了。不管谁，只要想帮助他们，最后都会彻底受挫。

个性

存在受害人心理的人与他人沟通时总是很被动、咄咄逼人。不需要公开承认，或直接叫板事由，这种个性的人能够以微妙、间接、秘密的方式得到他们想要的东西，同时表达他们内心的愤怒。感到无能为力的人往往会采取被动－咄咄逼人的做法。因为他们很难直接承认内心的愤怒（考虑到他们的自我感觉），所以似乎表面上会答应他人的需求，但是却很擅长消极抵抗。

此类人很善于逃避责任。虽然他们不管处于何种状况都是由自身行为导致的，但是却很善于找借口，狡辩事情失败的原因。他们得逞的一种常见手段便是通过各种情感勒索让别人产生负罪感。他们会生气、撇嘴、走开、搞砸事情、找借口、说谎等。由于他们擅长向他人传递含糊不清的信息，导致其他人很容易放松警惕。我们永远都不能完全肯定这些人究竟说了什么，或抱有怎样的期待。

这种行为往往会弄巧成拙，有时甚至会自讨苦吃。就好像身陷受害人综合征的人很愿意受到伤害，而且对问题情境或关系倍感兴趣。他们无法完成关乎自身福祉的重要任务，而是注定走向失败，在与他人交往时也会以失望、失败或者虐待收尾，尽管他们显然有更好的选择；他们会拒绝享乐机会，不愿意承认自己很享受生活；他们更愿意自我牺牲，即使牺牲受益方并未主动提出请求；他们的行为模式既持久又有害，其极端表现形式包括玩俄罗斯轮盘、醉酒驾驶、过度吸烟、吸毒、沉迷于赌博、危险的性成瘾、自残甚至自杀。

受害人，施害者以及救助者轮回

对于存在受害人心理的人而言，世界太危险。这些人总在做最坏打算，认为社会上的人都可能伤害他们。在他们眼里，社会很残酷，除了受害人就是施害者，也有少数救助者。他们倾向于外在控制，即认为人们的遭遇与不受他们控制的外部事件密切相关。生活主要由强大的他人、命运或机遇来决定。这种信念体系非常适合受害人心理。

“对于存在受害人心理的人而言，世界太危险。”

助长这种消极观点的是，存在受害人心理的人很清楚怎样能激怒他人，虽然这很可能属于无意识过程。他们很擅长将对方拖到自己创建的情感旋涡里，导致他们丧失变通能力。某个时刻，他们表现得像可怜兮兮的受害人；一转眼就变成了施害者，伤害想办法帮助他们的那些人。受害人、施害者、救助者：这个过程非常混乱、不确定。

易于出现受害人综合征的人也很擅长操控局面，从而导致与他们沟通起来很气人。就好像他们请别人来帮忙，后来却证实他们的救助努力无济于事。雪上加霜的是，他们非常擅长颠倒是非，声称那些前来帮忙的人所付出的努力事实上搞砸了事情。这会在很大程度上影响他们的行为，甚至导致这些预期成为了现实。

当有人问起他们为什么这么做时，他们说“自然有这样做的道理”。假如非解释不可，他们不理智（至少表面上如此）的行为背后的“道理”往往混乱不堪，而且很难理解。经历受害者综合征的人不明白自己为什么这样做或那样做，只对自我毁灭行为存在有限认识。就算行为背后的原因很明确——改进方式也很显然——他们也不想听别人的建议，而是宁愿陷入困境不得动弹。正是这一原因，他们的行为才会令人费解、讨厌。

由于受害人善于制造高调，因此人们就像飞蛾扑火一样被吸引到他们周围。他们长期以来的悲惨处境激起了他人的利他动机。任何人都很难无视他人持续不断的求救声。然而，在大多数情况下，他人给予的帮助是短期的。救援人员犹如飞蛾扑火，会迅速引火烧身；似乎一切都无法减轻受害人的悲惨处境；不管怎样情况都无法好转。救援人员付出的所有努力都遭到了忽视、贬低甚至敌意。难怪救援人员越来越伤心，最后竟然选择一走了之。

“由于受害人善于制造高调，因此人们就像飞蛾扑火一样被吸引到他们周围。”

当然，核心问题在于这些“受害人”一开始为什么选择求助他人。他们真的想得到帮助吗？考虑到他们不停给自己挖没完没了的坑，很可能他们只是为了引起他人关注。负面关注总比没人关注好得多。我们发现受害人行为风格成了一种关系模型——一种主动行为：我惨故我在。这是患有受害人综合征的人普遍存在的现象。下面我们来看一个案例。

维克托是可持续能源公司CEO。他一直在盘算该怎么才能更好地与副总艾米莉亚相处。虽然她具备很多优点，但是却很难伺候。对付她要比维克托的其他直接下属占用他更多时间，对付她一点都不开心——她总是喜欢小题大做，假如事情不合她意就会大吵大闹，动不动就觉得自己委屈得不得了。

维克托很纳闷为什么这么能干的专业人士总是表现得跟受害人一样。这么聪明有才的人怎么可能这么无视自己的不当行为呢？维克托一直以来都是公司员工性别差异的积极倡导者。他发现艾米莉亚每次惹上麻烦，都会怪罪于“男性俱乐部”关系网。这让他很是恼火。他很清楚这种说法站不住脚。公司其他女职员谁也没提过这方面的原因。他之前一直在竭尽全力提高公司高管层的女性比例。艾米莉亚竟然称是公司的私人关系网阻碍了女职员的成长，这简直太荒唐了。

和艾米莉亚会面如履薄冰，需要谨慎行事。和她一起审查一年两度的反馈报告更糟糕。你永远都不知道她会有怎样的反应。维克托真心害怕这些时候。假如你想告诉她，她原本可以更高效地应对某个具体问题，你就得是个外交老手。

如今又到了艾米莉亚下一轮评估的时候了。维克托好几个晚上都没睡着。他仍然清晰记得上次自己向她提出自认为很有意义的反馈意见时她是如何大发雷霆的。当他谈到某个具体问题本来可以得到更有效解决时，她非常激动，开始激烈讨论他的意见，还称情况失控自己一点责任都没有。她难道没有发现每次一出问题总说是别人的失误吗？当维克托坚持己见，努力想证实她在自己给出的实例中并非只是个无辜的局外人时，对方便开始猛烈抨击他，称自己是受害者。经过这几次沟通，维克托感到异常沮丧，心想自己又何必费这么大劲说服她呢。他甚至感觉就好像自己导致她受委屈似的。俩人的相处模式最典型的特征便是他到最后总会觉得对不住她，于是想让她平静下来。维克托不明白这种做法究竟是否管用，因为同样的场景在不断重复出现。

社会上有很多这样的艾米莉亚——专业“受害人”，在家庭和工作场所都会发泄自己受压抑的各种情绪。我们再来看一个例子。

再过一个小时，全球银行 CEO 唐纳德就要去见零售业主要负责人亚当了。他估计亚当很可能会谈到银行现在的空缺职位——区域副总，因为现任副总马上就要退休了。唐纳德觉得亚当并不适合这个职位，一直在考虑如果他提起来这件事的话自己该怎么应付。

> 之前有一次，亚当本以为自己会晋升，结果却没有，于是便冲进唐纳德办公室，直截了当问他是不是因为哪个同事说了自己坏话。唐纳德否认了这件事，并告诉他之所以没有提拔他是因为近期他的一些过失——但是亚当根本不愿意听他解释。他完全没有认识到是自身失误导致自己被“耽误”（按他自己的说法）了一段时间。
>
> 亚当并不是第一次自我耽搁了。由于他总是给自己制造障碍，导致错失成功机会，因此堪称自己最大的敌人。那次，唐纳德告诉他受挫只是暂时的，这才得以让他稍微平静了一些。但是，他很茫然，不知道该怎样才能让亚当走出内心的阴霾，并防止他卷入可能引发艰难后果的局面。
>
> 身为银行家，亚当的情绪波动确实是个问题，而且总这样做也不妥。正如他与唐纳德最近的一次沟通证实，他在情感方面需要学习的地方还很多。亚当事后给唐纳德发了封邮件，邀请他一起吃午饭。唐纳德马上回复了他，说通知太仓促了；他那一星期得去国外处理一些私事。他以为这样没什么问题，而事实上他却大错特错了。等他回国后，助理说因为他不愿意见亚当，引发了一场大风波。显然，亚当怪罪他当时没有赴约，认为（尽管唐纳德向他保证事实并非如此）唐纳德当时不待见他。

亚当有他自身的优点，但是唐纳德显然对他的装腔作势烦透了。亚当为什么总是要夸大事实呢？自己为什么要遭遇这样的情感勒索？唐纳德陷入了困境。亚当显然具有受害人心理，他总是扩散负面影响。他的这种情绪会不会感染并影响团队其他成员呢？

社会上到处都是真正的受害人。但是，在不否认受害事实的前提下，成为受害人也是一种心理状态。我们可以选择积极重组不同的生活状况，也可以选择退回到受害人心态。我们总是可以在艰难处境中假装无辜。然而，每当我们拒绝为自身行为负责时，潜意识里就选择了成为受害人。我们内心总有一种挥之不去的背叛感，即遭他人利用的感觉。虽然这种立场的积极方面在于我们的责任可以被解除，但是其负面性——愤怒、恐惧、内疚或者不胜任感——远远超过了积极方面。

你是否患有受害人综合征呢?

大多数人都不愿意看到他人遇上麻烦，并希望伸出援手。然而，假如我们伸出的援手被置之不理，抑或是遭到鄙视，那么不管我们需要多努力，都应该保持警惕。假如你的工作职责涉及帮助或引导那些经历个人或职场问题的人，那么你就应该时刻警惕受害人综合征的警示信号。对照以下清单，看看你想帮助的人符合受害人综合征的哪个层面。你给出的答案越肯定，说明你想帮助的人越可能存在受害人心理。

- 你面对的那些人是不是总会遇到麻烦?
- 你们的每次交谈最后是不是都会集中到他们的问题上?
- 他们是不是习惯强调自己“很可怜”?
- 他们会不会谈论自身的消极方面?
- 他们是不是总在做最坏打算?
- 他们是不是总会表现得像做出了多大牺牲?
- 他们会不会觉得全世界都在针对他们，而他们却毫无办法?
- 他们有没有觉得其他人的日子都很好过?
- 他们有没有只关注消极事件或者令人失望的事情?

· 他们是不是觉得自己从来都不应该为自身消极行为负责？
· 他们的苦恼是否会感染、影响其他人的情绪呢？
· 他们是不是沉溺于不幸、混乱状况以及闹剧呢？
· 他们有没有觉得全世界都想俘获他们？
· 责备他人是否会改善他们的心境呢？
· 他们是不是总希望其他人为他们负责呢？
· 他们是不是很善于寻找救助者和施害者呢？

当受害人有什么好处？

受害人心理会给所谓的“受害人”带来哪些好处呢？当受害人有哪些优势呢？尽管把自己搞得也很痛苦，这些人为什么总是这样做？

要想回答这些问题，我们得透过明显现象考虑问题。大量这类行为都属于无意识状态。不过，正如黑暗中总有一丝光明一样，所有问题都有其优势所在。要想搞清楚这一问题，我们需要考虑受害人所享有的积极方面。尽管当受害人明显会经历痛苦，除此之外也有利可图。

再度获益

谈到受害人情结，总会出现“再度获益”问题。助人行业的人对这种现象非常熟悉。再度获益是从受害人在痛苦中得到的附带好处，即使学员本人很可能没有意识到这些好处。它指的是人们在没有解决问题的情况下得到的“益处”。当个人问题由于关注、感情、报酬、药物治疗便利性以及其他伴随刺激作用而持久存在时，就会出现再度获益。有时候，人们也会注意到再度获益的这些来源，但是往往认识不到这一心理过程的发生。指出他们从痛苦处境中获益的方式很有必要。

人们希望借助再度获益的方式从看似不合理的事物中获益。虽然客观而言，再度获益并不能改善生活状况，但是从主观层面来讲它确实有这方面的作用，因为期间产生了一些好处。再度获益是一项重要机制，有助于解释人们为什么持续不正常的行为模式，为什么一直处于痛苦中而不改变事态。有些人可以从情感障碍中获取快感。

然而，人们通常不会意识到再度获益。这些“受害人”并非有意想操纵他人，也不是假装自己很痛苦，而是真的很难过。他们之所以揪着内心的痛苦不放，原因他们也不曾知晓。潜意识的力量非常强大，导致他们无法认识到纠缠于现状的代价要远远高于收益。

再度获益或许算是受害人情结当中长期存在的重要因素。不幸的是，人们对该过程知之甚少，很容易将其与装病混淆。《心理学 101》告诉我们，如果人们总是重复一些具体的行为模式，就说明他们能从中获取某种收益。

收益

扮演受害者角色可以满足大量潜意识需求。“我好可怜”这一招数能引起他人的怜悯、同情，并得到他人的帮助。受人注意与认可感觉很不错；得到他人的关注感觉很好；我们的依赖需求被满足也很好；成为受害人是不再过问人生难题的好借口；受害人可以保持消极态度，不再为自身行为负责——可以借助这一角色指责他人的某些行为，而事实上我们才真正应该为那些行为负责。指责他人的差错有助于发泄情绪，这一点尤为诱人。把给我们带来痛苦的责任转移给其他人或其他事有助于我们自身的解脱，这种解脱感决不能低估。采取这一手段相对而言风险较低，不需要碰运气。

“扮演受害者角色可以满足大量潜意识需求”

假设牺牲也可以掩护我们的激进心理。推卸责任的做法将无助与自我保护——被动与主动，结合了起来。由于社会上充满各种险恶事件，因此经历受害人综合征的人便会以这种迷信方式来保护自己，防止他人不可避免的侵害行为。

置身于痛苦处境还有其他一些好处。痛苦时最喜欢有人陪伴，意思是痛苦的人会愿意分享情感并从他人那里得到安慰。存在受害人心理的人会吸引他人的关注。“我们并不孤独”，这种情感有助于创造团结、支持以及联系。或许我们内心还偷偷渴望能出现“白马王子”，帮助我们摆脱痛苦——至少暂时可以摆脱，免得受害人、施害者以及救助者的循环重复出现。

所以说，扮演受害人角色既可以解决问题，操纵他人，又能引起关注。当然，至于其他人会尽多大努力去帮助“受害人”很难说。不间断的抱怨会很烦人。不管有什么解决办法，或者乐于帮忙的人没能掌控受害人的行为，假如问题仍然得不到解决，那么受害人最终仍会失利。

受害人心理源自哪里？

个性发展可能犹如沙滩上的沙子一样多种多样。每一种人生体验都很独特，虽然大家的个性发展模式大体相同。性格发展往往是先天与后天之间作用的结果。在基因矩阵中，人的个性会经历一些发展过程。受害人心理的产生在很大程度上是源自原生家庭。然而，受害人情结则不是自然而然形成的，而是后天得到的。假如在人们的成长过程中发生糟糕的事情，这些人就会形成消极的人生观。

根据子女受害人情结的不同程度，父母可以为他们创造可以信赖的支持环境，也可以选择相反做法，即将子女置身于恶劣处境中。这样，他们就会引发一代人的受害人情结，其中再度获益占据上风。对于在这类家庭环境中成长的子女而言，饱受苦楚是引起父母关注或预防遭他们批评、冷漠的方法。这就导致出现父母与子女之间形成矛盾关系，即双方关系越糟糕，生活越能得到改善。子女感觉糟糕的时候，父母会更和蔼。子女如果表现得很痛苦，父母就不会对他们有敌意或者忽视他们。

不幸的是，这种相处方式很不正常。这些父母并没有认识到自己对子女造成的伤害，正如父母的父母没有觉察到他们对子女的伤害一样。但是，这并不能成为不合格父母的借口。不正常发育周期的延续并非既定事实。我们不能忽略子女的基本需求和权利，希望成年人能坚定立场，防止虐待行为，打造不同的发育周期。

这个问题需要迫切解决的原因在于，许多存在受害人心理的人都曾受到过身心以至性虐待。但是，由于儿童情感或认知方面不够成熟，因此认识不到虐待的严重性，从而也无法避免这种行为。他们被迫继续处于低人一等的位置，甚至很可能认为这种不正常的相处模式很正常，从而导致这种自我毁灭的病态行为永久持续下去。儿童的家庭背景很可能促使他们积极、反复寻找能维持痛苦状态的情境。他们头脑中会闪过这样的念头，“看到我有多痛苦了吧？你一定得加倍爱我才行。”这种病态的相处模式相比他们对遭遗弃的恐惧而言相对更为可取。

解决这种不正常现象的常见“办法”是，这些人只有受到惩罚时才会感受到他人的关爱。如果惩罚延误了，他们甚至可能感到不安全。生活背景可能导致他们偏向打算惩罚他们的那些人，因为这是他们所理解的唯一亲密关系。他们会学着去寻找重现儿时经历的那些情境。

然而，不管怎样解释，虐待儿童行为往往会造成伤害、侮辱。由于儿童本身无力去阻止虐待行为，也不能说服任何人来帮忙，因此他们会认为全世界都“不公平”，只能自己想办法解决问题。当然，也有合乎逻辑的人类反应，即报复，以其人之道还治其人之身。虽然儿童很可能很难消化难以接受的情感，但是这些伤害痕迹容易助长厌恶与报复心理。受委屈后很可能引发愤怒管理问题。不过，问题的核心在于儿童的报复心理，他们希望能与父母打个平手。如果说暴力、虐待属于正常行为，那么这些儿童也可能成为施虐者。

“虐待儿童行为往往会造成伤害、侮辱”

这些儿童当中有很多都对父母怀恨在心，因此潜意识里希望自己表现不正常，目的就是为了报复他们。他们想通过这种不正常方式给父母看看自己是怎么弄糟事情的。这属于自我毁灭的问题处理方式，但是儿童意识不到其中用到的防御机制。这些无意识的报复心理渗透到了他们行为的方方面面。他们不但否认事情进展得不顺利，而且也不承认潜意识当中的命运疾苦，不愿意知道自己受到了多大伤害。

身处消极状况的儿童很可能不清楚自己究竟在经历些什么。当他们认识到责怪世人不能马上让自己满意后，其中一些人便开始自责，嫌弃自己做得“不够好”。自我责怪与惩罚能给他们带来短期的可控满足，但是形式却比较复杂。这些儿童很难认识到（更不用说自觉接受了）大部分痛苦都是自找的。他们希望通过这种行为方式伤害他人。然而，被伤害的不良情绪仍然无法消除，存在于潜意识当中，并继续施加影响。因此，这些人就会逐渐按照自己的理解散播人生处境与境况，每次都要重申他们的无能为力。不管他们怎样否认，这些潜意识情感都会继续影响他们的人际关系。

因此，遭受虐待的儿童在成人后仍然会对社会（代表人物是他们的照料人）的不公感到愤恨不已。他们每次失望时都会倍感无奈，同时也会寻找一些便捷、秘密的自我糟践手段——然后旗开得胜地说，“看，他们又来了。人生太不公平了”。这就是自我毁灭型的处理问题方式。他们在向世人展示自己所受委屈的同时，也会激发自我应验的预言。

自我破坏者很善于转胜为败，导致他们不得不面对自认为应得的失败、羞辱或惩罚，并使已经到来的好运化为乌有。他们唯一的价值感仅仅来自自我牺牲。

“自我破坏者很善于转胜为败”

看到有人经历痛苦，人们往往非常希望伸出援手或表示支持（至少一开始是这样）。患有受害人综合征的人很可能会夸大或渲染自身的不幸，从而使得救助需求更加紧迫。不幸的是，仅仅满足这类需求并不能“解决问题”。他人的同情正是这些人仍然身处受害人心理的原因。更糟糕的是，我在前面提到过，这种心理甚至可能转化为自我应验的预言，因为存在这种心理的人最终会毁掉自身的成就与幸福——事情终究会很糟糕，那么又何必去尝试呢？这种自我毁灭心理成为了他们的自我保护手段，还能让这些人因为造成他人内疚而潜意识很满足——也就是说，他们背地里希望自找的痛苦会让其他人以为是他们造成的。这种以其人之道还治其人之身的方式相当费解。不管其表现为公然的社会攻击还是沉默的自我毁灭，报复行为——黑暗、残酷的

愿望，希望伤害一直伤害他们的那些人——都是这些想法的核心。下面我们再来看一个实例。

> 卡尔小时候总是麻烦不断。考虑到不幸的家庭状况，他遇到一些问题似乎很难避免。他母亲总是留不住身边的男人。父亲有酗酒习惯，而且很暴力，曾经离开他的妈妈，去了其他国家娶了别的女人。由于卡尔和哥哥受惯了父亲的虐待，看到他离开很是开心。
>
> 卡尔的母亲以酷爱小题大做出名，只要有机会总是夸大其词。不管她去哪里，都会哗然一片，引发闹剧。假如没有人闹场，她总会知道该怎么制造闹剧。她经常自己跟自己过不去，而且很擅长扮演受害人角色。和她打过交道的大多数人都会被她折磨得身心俱疲。难怪她很难找到工作，家里的经济状况总是岌岌可危。
>
> 卡尔的母亲和好多男人交往过，但是他们很快就会弃她而去。后来，母亲给卡尔和哥哥生了一个同母异父的弟弟和妹妹。回顾过去，卡尔下意识地意识到和母亲一起走过的日子太艰难了。然而，他的一些朋友却说他和母亲非常像。一开始，卡尔在学校遇到了大麻烦。他存在阅读障碍，注意力也不能集中，而且很容易走神。他经常翘课，每次都说自己身体不舒服。母亲很容易轻信他，更是方便了他逃课。而她还会和儿子相互串通，帮儿子找借口不去上课，这也加深了她的受害人情结。只要卡尔惹上了麻烦，母亲就会尽一切努力帮他摆脱困境。虽然她可能会因为儿子的行为（或不作为）惩罚他，但是最终还是会去拯救他。正是因为母亲总是在减轻卡尔所做选择造成的自然后果，才导致他没机会吸取经验教训。

这种对待生活的不正常方式导致卡尔越来越依赖于他人。母亲的善意解救让他丧失了很多机会，并引发了受害人心理。久而久之，情况愈发恶劣。年少时期，卡尔就染上了毒品，随着他越来越上瘾，学习成绩也在不断下降。除了他擅长的数学科目，其他科目成绩均不合格。不过，至少还有数学。在老师的帮助与支持下，卡尔勉强高中毕业，上了一所当地的大学。

大学期间，卡尔又开始对女人产生了兴趣。一开始，他似乎专门找让他失望的那些女人，不过最后他和某个看似确实喜欢他的女人同居了。俩人都来自不正常的家庭环境。和各自的父母一样，俩人的关系很快就陷入了困境，主要因为他们不停地变换角色，一会儿是受害人，一会儿是施害者，一会儿又是救助人。回顾过去，卡尔认识到他俩都在无意中将自身的痛苦信仰与判断投射到彼此身上，以此来验证各自童年时期经受的创伤。他会责怪她，而她也会责怪他，都是为了帮助对方走出困境。争吵似乎成了俩人通常情况下的交往方式，尽管这种亲密方式很是奇怪。后来，卡尔认识到自己往往会拒绝对他好的那些人——从而导致别人的帮助不起作用。

卡尔在成长期间一直怀有这种受害人心理，而且他越年长脾气就越暴躁。在家时，他会把脾气撒在子女身上，上班时也会发火。举个例子，当他被提升为公司高管职位后，变得格外焦虑，其不良工作状态引起了他人的关注。他似乎很善于自我设限，给良好业绩制造障碍。只要一出问题，总是其他人的错，不关他的事。他失业后，正值妻子提出离婚，他这才意识到需要做些什么来改变现状了。不能任由事情再这样继续下去了。

> 卡尔成长于那样的家庭环境，一直都希望受伤害。为了实现这种希望，他重现了自己儿时经历过的不正常模式与无助感。他认为人际关系就应该是那样。他总觉得未来会不尽如人意，并在事情进展顺利时搞破坏。他鼓励其他人利用自己，就好像很享受被利用似的。与此同时，不管谁来帮忙，他都会故意使坏，让对方的努力白费。他升职后，便开始自我糟践。等他被调到不那么重要的工作岗位后，感觉才好些。

儿时遭到虐待的人很可能会成为施害者或受害人，抑或是两者都是。虐待与背叛引发的痛苦与愤怒很可能会郁积于心，引发自我毁灭的后果，也可能会发泄在他人身上，表现为消极－攻击行为，最常见的做法便是因为他人陷入困境而责怪他们。此外，受害人往往会彼此吸引，形成虐待关系。他们行为中存在习得性无助感。受害心理包括被动感、失控感、悲观、消极思维以及强烈的内疚、屈辱、自责以及沮丧。所有这些都可能引发无助与绝望。

卡尔的案例表明，存在受害人心理的人很可能继承了（我在前面提到过）前人的异常行为。有些父母会给子女造成自己曾经经历过的无意识伤害。

制定人生规划

存在受害人心理的人能打破自我毁灭的恶性循环吗？有没有哪些方法可以避免他们自我糟践？他们能制定人生规划吗？愿意扮演受害人角色的人必须挑战内心根深蒂固的观念，学会承担责任，关心自己，而不是四处寻找救星。

为了帮助存在受害人综合征的人制定人生规划，可以问问他们总是抓着无法解决的遗留问题不放对他们有什么好处。假如他们解决掉那些问题后会有什么损失？他们也许会觉得这个问题很奇怪，不过，在努力回答问题的过程中，他们可能会认识到受苦受难已经成为了他们身份特征中的重要部分。如果他们不再以这种方式与他人相处，那么他们的人生会是什么样子呢？

提升自我意识的第一步便是承认现状带给他们的再度获益。存在受害人心理的人需要认识到他们是自讨苦吃。他们很难意识到痛苦是自己造成的。他们有没有想过自己为什么总是自然而然成为受害人，然后寻找施虐者，或者招致虐待行为呢？往往，当受害人认清再度获益时，这种好处就会失去价值。

帮助他人克服受害人心理需要我们认真分析这些人人际关系的性质与质量。受害人一旦搞清楚并能坦然面对再度获益机制时，就更容易接受以下事实了，即那些潜意识机制才是他们面临的问题核心。经过仔细考虑，他们就会意识到正是再度获益让这些自我挫败模式继续存在。这只是个开头，之后他们会慢慢了解到处理问题以及寻找其他人生道路的方式，而不会继续困在自我毁灭的恶性循环中。

然而，对受害人最有利的莫过于具备健康的自我观念。他们应该意识到自身的受害人形象，并用其他更积极的形象代替它。这种转变需要重新定位认知与情感，以及新的自我思维方式。他们必须认识到自己所遭受的痛苦，因为基于无助的身份认同不再被人接受了。他们需要学会自我感觉良好。然而，建立新身份与态度需要时间。

“建立新身份与态度需要时间”

受害人还需要学会避免引起带给他们痛苦的人们的关注。他们需要搞清楚自身的消极－侵犯与控制行为会给他人带来怎样的敌对反应，从而避免加剧受害心理的行为，并发掘新的维护自尊的沟通方式。他们需要认识到与他人相处不一定非得涉及受害与施害。

和存在受害心理的人打交道时，我们应该认清救助与帮忙的区别。如果是救助，就不会有任何进展，受害人仍然会习惯于依赖他人。救助会导致他们更倾向于将控制权与责任转嫁给他人，即使将他们的人生交给他人掌管会引发无助感。不难理解他们为什么会这样做。举个例子，卡尔一直都被他人告诫不要这样做，不要那样做——比如不能信任、感受，不要谈论有意义的事情——因此，他就会怀疑自身能力，并陷入了无助与无望的恶性循环当中。假如人们总是纠结于这些情感，就很难做到真诚。焦虑、恐惧以及缺乏自信会导致他们感觉受了多大害处似的，除非他们能控制好情感。

在所有变化中，包括情况好转，都很难选择不同的人生观。许多人宁愿继续当受害人，因为他们很难自我治愈，过上积极的生活。假如受害情结一直都是他们的生活重心，那么就很难不顾及这种感受。出了差错就去怪罪外部或不可控因素，这样感觉更自在。这种方法更有助于化解他们对人生命运的烦恼，同时让他们免于承担责任。不过，这样做只会进一步加剧受害人心理，让他们笃信自己确实无法掌控人生。

要想解决这一问题，存在受害人综合征的人需要采取其他沟通形式，不过这需要他们对目前所处的困境有深刻认识。如果他们不能从不同的角度进行自我审视，就会深陷绝望与低劣的恶性循环。他们必须停止将受害情结当作意识或潜意识推卸责任的借口，不再贪图其中的好处，开始为自身行为负责。他们应该自己掌控人生，坦白自己之前是如何控制他人，将自己置身于受害人角色，并自我嘲讽式地称自己多么无能，从而赢取他人同情。

这些人应该认识到自己不再像儿时那样无能为力了。他们需要明白与其让潜意识做决定不如自己主动去选择。不过，这意味着他们必须冲破无助与自卑的恶性循环，坦诚面对自我。他们应该摈弃习得性无助感，对自己的人生负责，同时从他人那里寻找安全感。

当人们具有强烈的赋权感时，就会接受自己可以主宰命运这一事实。赋权感提升了他们的自尊心与信心，以及面对未来人生变幻无常寻找“自我救治”方式的勇气。他们可以摆脱受害人心理，消除内心的悲伤与自怜，而且再也不需要自我糟践或自责了。

我们不能低估他们克服这种身份时所面临的巨大挑战。之前受过的创伤影响了他们的性格，同时他们也在头脑中一遍又一遍地扮演受害人角色。心怀怨恨犹如心理毒药，最终伤害的只能是自身。强烈的报复心理也很折磨人，在最糟糕的情况下还可能导致这些人摇身一变成为施害者。但是，要想消除内心的反感与报复想法并做到宽容同样很难。就算他们能原谅他人的伤害或侮辱，这也并不意味着他们会和制造伤害的人和解。和解需要其他人认识到自己给别人造成的伤害，决心悔改，然后找到弥补方式。

情感构建是克服受害人心理的重要方面。然而，很多人对自身的情感生活了解甚少，可能需要他人的帮忙才能提高情感敏感度。心理治疗师、心理分析师或者教练的专业援助能帮助人们很好地应对引发受害人心理的伤害。他们在竭尽全力为人生负责的同时，也会渐渐认识到就算自己控制不了未来的遭遇，总可以决定如何去应对这些状况。只要接受这一事实，他们就不会再受控于人生境遇，因为他们可以自主选择应对方式。为人生负责很可能比较难，意味着需要做出艰难抉择。但是，如果我们能实施控制，就可以从容面对人生。我们需要不断提醒自己，我们不仅需要为自己的作为负责，而且需要为自己的不作为负责。正如小说家琼·迪迪安曾经说的那样，“愿意为人生负责就能赢得自尊”。为自身负责是必需的。我们虽然无法改变境遇、季节或者天气，但是却可以改变自身。

第四章

你有救助者综合征吗？

一人不能做万事。

——维吉尔

做事时假设你的行为会产生重大影响。那么它就会产生重大影响。

——威廉·詹姆斯

我们靠获取来生存，但靠给予来生活。

——温斯顿·丘吉尔

取悦需求

你会因为帮助他人而感到开心吗？还是说你对急需救助的人很有吸引力？

有些人可能从痛苦经历中认识到，在职业关系中掺杂了心理或情感因素很可能会引发灾难。请看以下企业案例。

> 托马斯在同一家公司工作了20多年，在过去的五年间一直担任公司CEO，而且很是以自身的业绩记录为傲。他非常主张培养员工——认为自己“人缘很好”，很愿意激励他人发挥最大潜能。多亏了他的努力，公司才有了今天：在这里工作很惬意，效率很高，员工都很知足。然而，讽刺的是，托马斯很可能是所有员工当中最不知足的人。
>
> 米兰达能有今天的地位全靠她的不懈努力——如今她担任财务副总裁——她很喜欢这份工作带来的挑战。她也喜欢同事，尤其欣赏托马斯。托马斯对米兰达取得的进步非常感兴趣。确实，他很渴望能教会米兰达目前这个新的高压职位所需的一些技能，也觉得自己才是帮她的最佳人选。
>
> 米兰达新任职几个星期后，和托马斯进行了第一次非正式会面，讨论这段时间取得的进展。米兰达对事情的进展很满意，不过也坦白自己对接下来的一些任务很头疼。托马斯向她保证，自己会一直全心全意支持她。
>
> 这对于米兰达而言原本已经足够。她很感激自己就任新职位的最初这段时间能得到托马斯的帮忙。然而，很快，她便开始考虑反馈会谈究竟对自己更有利，还是对托马斯更有利。托马斯不允许她独自处理工作——包括犯一些难免的错误——而是似乎一心想着从细节层面插手她的工作。

事情的结局很糟糕。米兰达认为托马斯这样做是不够信任她，这就大大削弱了她的自信。她认为，托马斯似乎紧抓着她的缺点不放，而对她一直认为的自身强项视而不见。随着俩人关系的进展，她决定进一步控制自己的生活。首先，她起草了一份报告，主要列举了自己迄今为止以来取得的成就，然后在接下来的俩人会面上拿给托马斯看。她感谢托马斯一直以来的支持，但是却坚定地说自己不再需要他的任何特殊照顾了。

托马斯一开始感到很伤心，认为这是在排斥自己。他不喜欢米兰达突然采取的疏远立场，感觉就像她扇了自己一巴掌似的。他对自己强烈的情绪反应感到很震惊，因此突然觉得自己好傻。

在与米兰达相处时，他采取了怎样的角色呢？他是不是一直利用两人的会面来获得自我满足，以及某些不恰当的感受呢？简言之，他这样做究竟是在帮谁？

托马斯感谢米兰达提供了这份报告——他一直都没看报告内容，因为觉得没必要——并告诉她自己非常信赖她各方面的能力。他对自己的愚蠢感到既悔恨又丢脸，决定再也不会让情感需求影响职业关系了。

成功的高管很少是单靠自己取得重大成就的。就连最有才华、最具魅力、自立的人要想发挥最大潜能，也需要他人的帮助与合作。企业——很多企业领导都想提醒我们——的本质是人。而人们当然需要相互支持、帮助以及领导了。

领导的一大重要角色就是时刻准备着协助同事或员工取得更大成就。其中一些领导天生就比其他领导更擅长这方面工作。帮助同事对我们自身也有好处，这种愿望很自然，值得称赞。同情、服务意识与奉献精神——这些高尚品德在人人互助的社会上深受高度赞赏。从进化心理学的角度来看，可以说我们天生的行为方式就能够促进人们的社交能力。假如缺乏协作愿望，人类就很可能无法幸存。因此，我们甚至可以说人类行为不仅仅符合“适者生存”的规律，而且还符合“善者生存”的规律。

然而，助人的愿望不总是受无私、利他动机所驱动。有些人帮助他人并不纯粹是为了利他或者共同利益，更多的是源自他们内心浓厚的情感需求。这些人就属于“救助者”，对他们来说，助人的需求让他们上瘾；取悦他人症让他们很痛苦；他们区分不开自身需求与所帮助人的需求，充其量只能沦为不力的救助者；在最糟糕的情况下，甚至会伤害对方，因为他们会因为企图解决自身问题去指使原本应该帮助的对象。这种做法最终会导致他们以及一起共事的人付出代价，甚至还可能形成不必要、不健康以及不恰当的依赖关系。讽刺的是，随着时间的流逝，这些“救助者”很可能会感到无助、无奈、不满，甚至恼怒。他们不但没能因为助人行为产生效果，反而极大地消耗了自身精力。

“取悦他人症让救助者很痛苦”

那么，你该怎样判断谁患有救助者综合征呢？你怎么知道自己是不是救助者呢？怎样才能解决救助者综合征的问题呢？

你是救助者吗？

假如人们内心的助人愿望中掺杂了尚未解决的情感或心理因素，这种愿望很快就会转化为救助者模式，而我们却意识不到自身行为的任何变化。任何人，只要其行为涉及帮助或引导他人，期间仍然因为私人或工作问题头疼的话，就应该保持警惕，关注这些救助行为的警示信号。可以对照以下问题来自查或判断他人。

· 你很难给自己腾出时间吗？

· 你总是忍不住要考虑他人的问题吗？

· 你对帮扶对象存在的问题很感兴趣吗？

· 你的同事有时候感觉像是家人吗？

· 你会为遇到麻烦的人负责吗？

· 你很倾向于替向你求助的那些人做决定吗？

· 你会为救助对象找借口吗——不管以明确还是含蓄的方式？

· 你会主动帮助似乎并没有意识到自身问题的那些人吗？

· 你得到他人的帮助时会感觉不自在吗？

· 你经常担心其他人对你的看法吗？

· 你不能解决他人问题时会感到内疚吗？

· 帮助他人能让你感觉自己更有价值吗？

· 假如没什么问题需要解决时，你会缺乏成就感或者着急吗？

· 人们请你帮忙时，你会觉得拒绝他们很难或者根本就不可能拒绝吗？

· 人们对你提出要求时你会觉得很难设定底线吗？

· 你有没有觉得自己本来努力助人结果对方却毫不感激你？

· 你有时候会因为一直为他人付出而生气或反感吗？

· 你帮助的那些人对你付出的努力没有丝毫感激时你会感到不满吗？

· 你在努力帮助他人时有没有觉得身心俱疲呢？

· 你儿时或者青少年时期有没有被迫肩负确保家人安稳的职责呢？

救助者陷阱

所谓的“救助者综合征”普遍存在于各行各业，但是在工作环境下，这种病症会极大地削弱个人或企业的力量。它会破坏工作关系中的自然平衡，干扰富有成效的团队协作，同时降低工作效率。

假如人们片面地认为赢得感激的唯一方式就是去做他人希望的事情，那么帮助就成了强制，就会引发救助者综合征。这些救助者并不是自愿帮助他人的；相反，他们似乎被迫建立救助者－受害人关系，而且在刻意拖延。或许可以说，存在救助者综合征的人其实是上了瘾，和饮食、吸烟、吸毒、饮酒或者性瘾差不多。在外人看来，救助行为类似于某种英雄就义。不过，它有额外的好处，仔细考虑其动态机制就会发现，这种行为会让救助者有借口逃避自身问题。

“救助者综合征属于上瘾”

然而，救助者很少会关注潜在动机，而且确实认为他们的干预是为了达到更好的效果。一定要谨记，相对帮扶对象而言，救助者往往处于高位，这就使得他们更难管控，也很难让他们认清自己所造成的伤害。

救助行业的从业者——包括心理分析师、精神病学家、社会工作者、咨询师、教练以及其他合格的临床人才——都接受过训练，懂得如何区分自身的情感与心理需求，和病人或客户的情感与心理需求。然而，他们仍然免不了会受救助者综合征的影响。许多人都听说过社工开车经过危险山路的故事：当他开车撞在薄冰上，然后连车带人坠入悬崖时，其中一名客户的一生在他眼前闪过。

救助行业的专业人士肩负重任，需要顾及客户或病人的福祉。但是，他们也是普通人，也会像其他任何一个人一样经历同样的利益与需求冲突。他们要想有效发挥作用，就必须要么在关系之外满足自身需求，要么暂时搁置。如果他们不能或不愿意检验自身行为，那么帮扶愿望很可能会走极端，导致帮助者成了“救助者”，从而无法区分自身需求与客户的需求。

在临床环境中，法律与道德标准有助于防止不当以及存在潜在危害的移情行为。在临床训练中，心理治疗师、精神病学家以及心理分析师非常重视移情。他们会不遗余力地告诉客户，某些行为模式虽然在早期生活阶段还说得过去，但是目前已经失效。客户似乎会做出“错误连接”。他们会把理疗师与自己过去生活中的某位重要人物相混淆。不过，相对传统意义上的人际关系中并没有这些保障措施，比如业务环境中。在这些环境中并不会出现心理治疗师的回推作用。因此，存在救助者综合征的人往往会借助自己与他人的关系来重演并解决自身情感与心理问题。这会对对方造成严重的损害，因为他们在没有意识到所发生事情的情况下，却被告知需要处理一系列新问题——即“帮助者”的那些问题。

救助者综合征虽然并不属于官方认可的紊乱现象，但是却受到了普遍承认，在人际关系领域尤为广传。救助者有时候被称为“白衣骑士”、“弗罗伦斯·南丁格尔”或“特蕾莎修女”，而且很容易受所谓的“英雄情结”影响，去寻找需要帮助的人。许多人并没有认识到这属于不正常的强迫行为，还有一些人真的以为他们的努力完全是为被救助对象的利益考虑。问题在于怎样教给人们识别这些人患有救助者综合征的迹象；只有这样他们才能正视自身问题，成为更高效、积极的帮助者。

真正的助人需要共同努力——而不应该是单向的。插手他人的事情等同于剥夺他们的自助能力。助人的最终目的，尤其是在企业里，是让帮助者不再需要持续干涉被帮助对象——但是救助者却无法接受这引发的不可避免的被冗余感。相反（由于他们需要被别人需要），他们会想方设法将这段关系转变成相互依赖型，这样被帮助的对象就不能脱离他们了。在这种情况下，被帮助对象往往别无选择，只能随大流；他们所采取的任何行动都会被制止或低估。

然而，双方都会不可避免地遭受痛苦。被帮助对象事实上没有得到任何帮助——恰恰相反——虽然双方关系越来越向其中一方倾斜，而且不称心，而救助者却仍然承受太多负担，不堪重负。最终，救助者很可能会感到很无助、无奈、反感、恼怒。他们的行为不但没能带来预期效果，反倒弄得自己精疲力竭。

有些人属于连续型救助者，总是在留意有谁需要帮忙。其他人则会考虑自己与他人的关系所处的具体环境才会选择救助对方。我在本章开头所举的例子当中，由于米兰达相对年轻，却处在高管层级，因此托马斯对她尤为照顾。在他看来，米兰达并不是具备超乎常人水平能力的高管，而是陷入困境的年轻、脆弱姑娘。他认为她非常需要救助，尽管是他主张任命米兰达为董事会委员的。

在这一案例中，托马斯对米兰达的态度包含了强烈的父爱情感（他有两个儿子，都和米兰达年龄相仿，但是没有女儿）。而米兰达对他的性吸引力导致这种情感更加复杂、升级；米兰达年轻貌美，非常迷人。因此，托马斯对米兰达有强烈的保护欲望，与此同时也希望她主动引起自己的注意。

对于像托马斯这样的人来说，遭受救助者综合征会引发危机，接着会出现恢复期，最后在大多数情况下能回归正常的人际关系。相比之下，连续性救助者往往不能到达危机点，因此从来都不会遇到这样的问题。就这些人而言，救助遵循循环模式：首先会找到需要帮助的人，接着努力实施救助，但是往往会失败。之后，救助者会继续寻找其他“需要帮忙”的人。连续性救助者往往会同时救助几个人，因为他们很难无视那些他们认为需要帮忙的人，而且取悦他人的弊病导致他们很难拒绝前来寻求帮助的任何人。

往往，当“帮助”转变为“救助”时，需要帮助的人面对救助者的援助就会选择后退。确实，救助者令人讨厌的关注有时候会激发对方采取积极措施，独自去应对之前被困扰的问题。虽然这对于被救助方而言是个好结果，但是却会对救助者产生逆反效果，让他们觉得自己的插手有助于促进对方取得成就。这样往往会导致双方关系恶化，因为一方面被救助对象会变得意气消沉、困惑不已，另一方面救助者也会越来越灰心丧气。最终，救助者就会放弃救助努力，转而去寻找下一个受害人。

能真正妥善处理与救助者复杂关系的人往往是那些能充分发挥作用的高管人员，他们只需要普通引导即可，比如上述例子中的米兰达。在很多情况下，他们会很快意识到救助者根本帮不上忙，于是便会采取行动自救。但是有些寻求帮助的人想法完全不同：他们本身就缺乏主动性，而且会认为社会本来就应该养活他们，因此有权将问题交给帮助者解决。这些人最不可能找到解决自身问题的办法，因为救助者为他们提供了借口，不必亲自上阵。这样做往往会导致他们陷入僵局，不得脱身，除非救助者取得一定成效。

只要关系双方中有一方希望从对方那里得到什么，并能如愿以偿，那么这段关系就涉及相互依赖因素。在大多数情况下，这种关系属于互惠互利型，不会失常；但是，假如这份关系侧重于某一方，或者救助者面对的对象非常被动，性格内向，那么双方都会遭罪。在这类关系中，由于救助者会反复尝试从救助行为中获取积极反馈，但是却总是失败，最终身心俱疲，因此很快就会变得灰心丧气。

我记得之前曾经和一位高管教练一起共过事。她经常会给一位客户的办公室打电话，告诉其他人那位客户生病了。而事实上，那位客户长期酗酒，经常喝得酩酊大醉，一连几天都缓不过劲来。这种“帮助”超出了正常的关爱行为范围，效果往往适得其反。教练那么做相当于对客户的自我糟践生活方式给予了肯定，从而导致他的酗酒问题一直存在。当我问教练她为什么那么做时，她说那位客户总是说自己不能没有她，而每次她为他开脱后他总会感觉好很多。

那位教练还说，这位男客户是她最棒的客户之一——这一点不难理解：他给予了教练积极反馈，让教练感觉良好，还让她产生错觉，以为自己确实帮到了他。当然，事实上，教练的行为只是在满足自己被需要的需求，而在她的默许下客户继续酗酒，在自我糟践的恶性循环中越陷越深。急切需要帮助的人总会引起存在相互依赖倾向的教练关注。虽然（至少一开始）教练与这些人之间的沟通令双方都很满意，但是这种状况并不会持久。救助从来都不会给依赖性强的人带来永久的解决办法。

“救助从来都不会给依赖性强的人带来永久的解决办法”

虽然上述例子属于极端情况，但是它却充分说明存在救助者综合征的人会如何满足脆弱、依赖他人的同事的需求。大多数救助者在平等关系中都会感觉不自在。只有当他们从依赖自身“帮助”的人那里得到感激与赞赏时才会感觉非常满足。许多救助者经常需要得到这种关注，一旦他们本应帮助的人开始采取自我行动，不再需要他们的帮助时，他们就会变得焦虑不已。

一些救助者为了避免在他人不需要救助时自己内心产生的失望与被排斥感，选择从远处操控局面——在幕后插手，不需要得到帮扶对象的合作（或者事实上是知情）。我们都有过这样的体验，比如他人抢先为我们做决定，就为了帮我们：我们小时候父母经常这样做。

当然，区别在于小孩子处在不断的学习中。观察父母与其他成人的行为就是学习的一部分。当听到 8 岁的女儿说自己想像最喜爱的歌星那样跳舞时，母亲便会在星期六上午自作主张带着女儿去上舞蹈课，她这样做并不反常，而是自然、积极的反应。然而，母亲的这种做法却给女儿强加了自身意愿——在这种情况下，女儿需要牺牲周六上午的自由活动时间。但是，成人如果替其他成人（即使是位近亲）做决定，尤其给对方强加了某种义务，就相当于破坏了双方关系的基础，并会引发不正常的失衡关系，就算得到救助的人自己可能也会做出类似决定，或者采取类似行动。

下面即将介绍的苏的经历很好地说明了“幕后”救助。该故事讲述了冲动救助者的行为会如何损害救助对象的利益，而救助对象甚至都不知道救助者一直在努力。在以下案例中存在分离这一附加成分，这就掩盖了救助者所开展的活动，从而使其他人更难识别或正视问题。本案例的最终结果只对救助者有害——她一直在设法救助的那些人之前（如今）对她所做的工作全然不知。

苏在一家全球性企业大学任主任。虽然她很能干，也很乐于助人，但是校方发现她一直在庇护公司领航项目（他们对此并不知情）很多实力较弱的参与者——给他们提供无端建议——而相比其他参与者而言，这些人对项目的贡献事实上低于平均水准。

> 毫无疑问，在上述案例中，这些参与者不大可能得到渴求得到的新任务。
>
> 那么，苏为什么要插手呢？因为她希望通过采取与大学其他教职工不同的视角，能让她的同事产生迟疑，从而给表现差的参与者第二次机会。然而，考虑到他们在项目中的表现，他们很可能最终会失败——这项人才战略很可能会让企业付出惨重的代价。
>
> 苏这样做除了能满足自身的救助冲动之外别无所获。她与项目参与者之间并没有建立密切的合作关系，他们对她所采取的行动也毫不知情。但是，她却将自己置身于难以维系的境地，导致企业别无选择，只能因严重渎职而解雇她。

强烈渴望得到众人喜爱的人——这是救助者的通病——通常自我认知不坚定。救助者担心如果把自身利益放在首位，别人会认为他们不厚道、不关心他人、自私（而且救助者非常在意别人对他们的看法）。对于很多救助者而言，拒绝寻求帮助的人会让对方失望，甚至可能会毁掉彼此的关系。当然，要想拒绝求助总有很多借口：没时间、没资源，再比如没能力，或者只要觉得请求帮助的人并不需要帮忙即可。但是，救助者只要发现有人需要帮助——不管多么不便、不合适，抑或是任务繁重——他们都会觉得有义务把对方的请求添加到工作计划当中。难怪救助者总是背负着难以承受的情感重担。

苏的案例表明，救助者和救助对象可能会受到自身行为同等程度的伤害。这一点也不足为怪，因为救助者之所以会去寻求救助对象，是因为他们缺乏情感与心理上的安全感，因此选择将这种感受投射到一个或更多个无辜“受害人”来应对这一问题，而不是去直面并解决问题。救助者产生倦怠心理也很常见，因为他们的干预尝试往往会以失败告终，导致他们疲惫不堪，并丧失理想与目标。

救助者倦怠心理

背负过多的自愿式责任会迅速造成损失，因为救助者得到的回报会越来越少。如果救助者看不到立竿见影的效果，局面很可能就会失控。他们需要享受付出努力后得到回报的即时满足感，否则压力就会迅速加剧。就算针对摆在他们面前的问题没有立竿见影的解决办法，救助者如果不能马上给出确切结果就会感到无所适从。他们在匆匆帮忙的过程中可能会加剧问题的复杂性，或者引发新问题，并会因为没能实现预期目标而感到痛苦。再加上他们从别人那里得不到自认为应得的感激，因此会感到沮丧、迷茫，这就加剧了他们的悲伤。他们可能会意识到自己想方设法帮助的人事实上并不领情，或者更糟糕的是，帮扶对象好像并不希望得到帮助。最终，救助者便开始担心自己不能给其他人带来好处了，因此变得愤世嫉俗、疲倦不堪、心如死灰、充满怨恨。

在很多情形下，寻求帮助的人真正需要的是他人的聆听。他们不希望别人告诉自己该做什么。最早采取行动寻找“解决办法”的救助者会假设出实际上并不不存在的“问题”。他们不会应他人所需，成为被动的咨询专家，而是会掌控局面，制订往往不太恰当甚至完全没必要的行动计划。他们忘记了帮扶的目的在于帮助他人认清自身的行动计划。

“救助者忘记了帮扶的目的在于帮助他人认清自身的行动计划”

怎样才能满足取悦需求？

心理分析师、临床心理学家以及精神病学家等的主要职责在于帮助人们克服情感或心理问题。这类专业人士很清楚自己应该认清激励他们帮助他人的内在力量，同时应该时刻关注自身的情感需求。同样的道理也适用于乐于在工作中帮助他人的人：他们必须承认，心态会影响他们与他人之间的关系。不过，这并不是说我们在帮助他人克服个人或工作难题之前都必须很好地调整自己，避免出现失常行为——如果真是这样，那么助人行业很少有人称职。不过，这的确意味着我们必须在承认自身心理状况的前提下，学会区分自身需求与帮扶对象的需求。

要想搞清楚人们为什么容易出现救助者综合征，就有必要去探究他们的潜意识，从而搞清楚“自我”与“他人”的相互关系。从照料人那里感受到温暖与悉心照顾的子女在成长过程中不会缺乏安全感，也能与亲人保持密切关系；他们内心会对“他人”有一定认识。长大成人后，他们也会表现得很稳当、自信、自重。相比之下，如果照料人生活艰难，或者经常不在子女身边，结果就会截然不同。

典型救助者的异常家庭背景各不相同，有些是不称职的父母或照料人让子女别无选择，只能自己当家（在这个过程中会脱离自身需求），也有些家庭在外人看来似乎充满关爱，很稳定，而事实上父母一心希望子女实现完美，从而导致他们处在压抑、沉闷的环境中。

在第一种家庭里，父母需要呵护子女，子女则需要做到情感自立。子女如果得不到所需的温暖与回应，在成长过程中就会觉得自己的需求和情感无关紧要，就会过早地成为照料人。生活在这种家庭背景下的人很难向他人寻求帮助，感觉这样做很自私。儿时不尽如人意的情感依附导致他们长大后想尽力弥补痛苦的童年经历，以此来修复受损的自我感知。

在第二类家庭环境中，子女需要去争取父母或照料人的关爱。这就导致子女在成长过程中总是一味地想实现父母极不现实的预期，来寻求他们的认可。面对这种刻板的家庭意识与潜意识规则，子女很少有机会去表达个性：他们认为父母不会无条件地关爱他们，而是会考虑他们所做的事情。由于子女早期认识到了这种有条件的父母之爱，因此长大后总是希望得到他人的认可。

这些人非常渴望纠正自认为真实的过往经历，也会极力追求完美。这种心理背后隐藏着他们的真正需求，即渴望得到同龄人的接受与认可。然而，不管他们做什么，似乎都不够好，因此他们会继续缺乏自信，并感到自卑。来自这两种家庭背景的人会以为他们与他人交往的唯一途径便是自我否定、受苦与牺牲。他们会不断压抑并否认自身的合理需求，同时一味地希望自己对他人有用、有帮助。

有些成年人也会受早期这些苦难经历的困扰，并对自身以及其他人产生扭曲看法。由于儿时习惯成为帮扶者，也缺乏情感资源，他们很可能会因为儿时不可挽回的糟糕——即不正常的儿时经历——回忆而心生内疚。

错误假设

此外，救助者往往会形成大量错误假设，比如：“我应该不断努力去帮助并取悦他人，否则就会发生糟糕的事情”；“我应该总是开开心心的，决不能对他人表现出消极情绪”；“我的自身价值取决于别人对我的看法”；“除非我努力去满足他人意愿，否则就会遭拒”。往往，这种帮扶冲动——取悦他人——源自儿时的许多“必须”以及“应该”

想法，并受到这些可怕想法的驱使。这些帮扶者会对他人的认可上瘾，但是却毫无效果。他们从来都不会对自己感到满意；也从来达不到自己设定的标准；虽然谈到设定高标准看法不一，但是追求完美完全是另一码事。追求完美会招致失败。因此，遭遇救助者综合征的人就会陷入永久的压力循环。

“追求完美会招致失败”

关注他人的需求与顾虑意味着救助者可以避免去直面自身的情感问题。他们很少会触及到自身情感，很可能会过于关注他人的需求，从而不清楚自己真正想要什么，或者需要什么。有时候，他们甚至不知道该去想些什么，或者感受些什么。更糟糕的是，有些救助者还会处于巨大的压力之下，缺乏自信、自尊，因为他们总是希望通过帮助他人而得到“救赎”——他们一直以来遵循的老一套策略表明，帮他人做事会得到他人的关爱与尊重。这样一来，他们很可能会遭到他人的利用或滥用。

由于救助者是通过自我牺牲去帮助、关爱他人，因此很容易适得其反。当救助他人成为了主要动因时，就会对救助者、救助对象以及双方之间的关系产生不利后果。想方设法满足他人的期待只能导致糟践或不恰当的自我牺牲。这些救助者带来的坏处很可能要比好处多，而且不利于寻求帮助的人靠自己发现明显存在的问题。

应对救助者综合征

解决救助者综合征的唯一方法就是去直面这一问题，虽然这一点很难做到。只有救助者认识到自我推理中存在的问题，并仔细推敲其中的一些自我假设，才能改变自身行为。举个例子，他们应该多观察对自己有吸引力的那些人，学会与生活中的坏人保持距离。他们应该认真考虑自己为什么认为有必要去帮助他人，如果他们认为这样做有问题，就应该努力避免。如果救助者认识到自己不再像儿时——当时他们能力有限，根本做不到这一点——被鼓励的那样去拯救整个世界，就能提高工作效率，也会过得更开心。

解决救助者综合征问题并不是要求人们停止帮助他人。只要不沦落为救助者综合征的反常行为，帮助他人的愿望就会是一股为善力量。积极救助者有助于促使他人解决自身问题，鼓励他们独立做出艰难抉择。然而，要想成为积极、有帮助的人，我们在思考问题时需要保持理性、客观，冷静对待他人的问题。要想做到这一点，就必须充分认识自我，知道该如何避免自我情绪对帮扶对象的影响。

做一名积极救助者

积极的救助者在企业中能发挥很大作用。理想情况下，享有较高社交商与情商的优秀高管往往具备救助者所需的心理与人际交往能力。积极救助者对他人的需求很敏感——这也是合情合理的。他们不会以自身健康或快乐为代价去顾及他人的问题；不会随时倾听他人的诉说；还会明确要求同事认识并接受问题行为引发的后果。总之，他们应该促进问题的解决，而不是让他人负债累累（见表 4.1）。

他们也已经做好准备去面对难题，也愿意说实话，即使有些话人们并不愿意听。但是，他们很会掌握时间与火候：太早的话他们的支持就得不到赏识；太晚又会失去机会。他们的坦诚与直爽，以及在与同事接触过程中认识并表达自身情感的能力，使得这些沟通尤为珍贵。此外，救助者如果能带一丝幽默做这些事情的话会更有成效。

表 4.1 积极救助者——简介

·从情感上能接受自己与他人的想法、情感、心理感受以及行为。 ·尊重他人的自主权与做事方式。 ·很善于问一些问题，并能让其他人有挑战感、拥护感，而不会感觉被指责。 ·善解人意的听众——他们能让他人感觉得到理解，从而有助于双方建立有效关系。 ·敏锐的情绪感知力——能分享他人情感，同时也不丧失自身界限。 ·宽容——他们很重视人类社会认知的复杂性，因此并不急于求成。 ·自律——知道在哪儿划清界限。 ·自知——很清楚自身的情绪会影响工作质量。

人人各有优点、缺点，各有阴暗面，也都时不时地需要帮助——包括帮助他人的那些人。但是，帮助者在帮助他人之前一定要先自助。高管如果能认识到自身独特的依附特征与厌恶的事物，就能改善自己与同事的关系。了解到自身的不足，并确保具备支撑体系后，他们就不会再经历救助者综合征了。

“帮助者在帮助他人之前一定要先自助”

第五章

心理灾难之路：对付恃强凌弱型高管

他越是谈论自身的荣誉，我们数勺子数得就越快。

——拉尔夫·瓦尔多·艾默生

精神病患者到处都是。和平时期，我们会研究他们；动荡时期，则会受他们控制。

——恩斯特·克雷奇默

世界太危险。并不是因为有坏人，而是因为对坏人坏事漠然置之的那些人。

——阿尔伯特·爱因斯坦

快速通道错觉

理查德是不可思议的高位失败典型代表。在对他一知半解的人看来，他很成功，而和他关系比较近的人则不这么认为。和他有过一面之缘的人认为他很适合担任公司高管。但是，了解他业绩的人则看法完全不同。理查德曾经负责过的工作没有一项非常成功。事实上，他的职业生涯堪称灾难——不过，多亏了他的诱惑力、魅力以及掌控他人的才华，他才得以侥幸摆脱灾难。他就好比众所周知的猫一样，有九条命。他的无能、马虎经常会引发各种灾难，但是却能够很神奇地减轻负面影响。面对这种关键时刻，他的反应相当灵敏，而且注意力转向其他方面的速度也很惊人，到头来总是得继任者来替他收拾烂摊子。

身为公司领导者之一，理查德堪称“伟大的未竟事业”——完成任务并非他的强项。他总是把一些普通事项留给他人。如果诱骗策略（误导上司与同事）失败，他就会把责任推到其他人身上。他从来都不愿意为自身行为负责。对于他而言，自私的做事方法最自然不过了。就连最近一项任命（小型媒体公司的高级副总裁），他也不由分说放弃了，因为他被物色去一家大公司工作了——这也是因为时间刚刚好。他离开之后，任职期间的各种问题暴露无遗。

然而，理查德给人的第一印象往往很好。他长相很好，爱好交际，能说会道，不管见到谁都能甜言蜜语。但凡看过或听过他网络广播、播客、访谈或演讲的人都会觉得他能言善辩、擅长社交。幸运的是，很少有人能看透他的花言巧语与表面功夫。不管遇到什么困难，他都一副“我能行”的态度，这并没有影响到他的事业前程。他给人的印象是非常果断、执行能力强、颇有才华的高管。印象管理天赋也有利于他和上司打交道：他总是说些他们爱听的话。难怪大多数见过理查德的人都认为他能快速晋升；然而，仔细观察他的行为不难发现，他其实就是个大骗子。

举个例子，理查德做出的大多数承诺都是空话——他是个惯常撒谎的人。他表面上很诚恳、坦率，但是却能当着别人的面撒谎，等他们一转身离开他就会背后捅刀子。和他共过事的很多人都认为他有强迫说谎症。每当他的某个谎言或小谎话可能被揭穿时，他都能迅速改变话题。难以理解的是，他似乎总是能凭借这种不正常领导行为侥幸逃脱罪责。从这方面来讲，他是个真正的权谋政治家，幸存者。操控他人就好比呼吸一样来得容易。他能在高位交到朋友，还能找到乐意保护他的人，这些都有助于他爬到高位。比如，他对重大决策者的家庭与爱好非常感兴趣，与他们一同堕落，主动帮他们干脏活累活，并答应只要放手让他去做就能有成果，以此来赢取对方的芳心。

曾经在理查德手下工作并辞职的人认为他很会利用他人、阴险狡猾，总是想抢走他人的功劳，而且一点羞耻心都没有。他们还抱怨他很残忍、“工具主义”，总是利用他人达到自身目的。如果有谁不相信这些，他们能列出一大串深受其害的人。

理查德非常爱指使人，因此大多数人一直到深受其害时才反应过来是他使坏的。虽然他在很多方面都不称职，但是却很善于解读他人的需求与弱点。骗人高手往往看人看得也很准。他在权利的驱动下，很清楚该如何利用他人的脆弱点，并把精力主要花在那些缺乏安全感的人身上。他犹如一只蜘蛛，在不停地编织重重谎言，出其不意地控制他人，榨干他们的生命力，抛开躯壳，继续寻找下一个受害人。他非常擅长动摇人们对自身能力的坚定信仰，以及他们对他人的信赖，从而让他们变得愤世嫉俗、痛苦不堪，甚至无法正常生活。由于理查德很容易感到无聊，因此似乎需要源源不断的受害人来激励自己。

了解理查德的人最为不解的是被他俘获的那些人在谈到与他第一次见面时总是说感觉好像找到了知己，而且都会说，“我们有太多的共同点”，“我们两个太像了”。他们似乎在自欺欺人，认为自己与理查德马上就成了朋友。他们没能认识到理查德事实上一直都在模仿他人，根据对方的品性与之相处，这样当然讨人喜欢了——因为爱上自己很容易，感觉很好。

也可以说，理查德是谨慎的高空秋千表演者，总是能重新找回平衡，因为每当他遇上麻烦，就会找人给他开脱。据一些没被他欺骗过的人说，最近一位深受他害的人便是公司的通信部主管。知情的人称他是在利用主管的天真；从她谈论他的方式分析，一些人猜想他俩的关系（似乎单方面地）是否已经超出了工作范围。她很可能对他感情用事了，那么他呢？她总是俯首帖耳为他效劳，时刻准备着掩护他。真正了解理查德的人甚至怀疑他骨子里是否有同情心；一旦涉及情感敏感度，他就成了色盲。确实，他似乎能在合适的时间说合适的话，但是他的真实情感呢？就好像他只知道该怎样通过身势语表达情感，而不会去亲身体会。他似乎只在乎短期的自我满足感。

理查德除了存在这些重大性格缺陷之外，行为控制能力也很差。他总是反复无常，一会儿生气，一会儿开心，一会儿又很痛苦。他发脾气时会公开斥责他人，很多人都深受其害。亲眼见过他发怒的人都称理查德似乎很快就会忘掉这些不快经历。

最后，办公室同事最关注的就是理查德的混乱背景。有些人怀疑他是不是作假者，提供的成就给人留下了深刻印象，但是都是捏造的。大家还对他之前的行为以及不够透明的职业生涯怀有疑虑。还有私下传闻期间存在一些漏洞。那么，理查德究竟在隐瞒些什么呢？

把大家逼疯

假设你不受限于任何内心约束，想做什么就做什么；假设你没有良知；假设你不管做什么不开心的事都不会感到悔恨或内疚；假设你只关心自己，对他人的福祉毫不在意；假设责任心是句空话，不存在实际意义；假设你从来不多去考虑自己的一些丢脸、有害或者道德败坏行为。

“假设你只关心自己，对他人的福祉毫不在意。”

这种情感缺失难道不是福气吗？少了各种抑制因素，生活不就会变得更简单、更有趣吗？良知很令人讨厌；同情心是阻力。只要能摆脱平日的羞愧与内疚，你就可以去做任何事情。什么都不会拖你的后腿。

我们往往认为良知是人类普遍存在的特征，这就导致（大多数人）很难想象会有人具备无良知的品格。由于我们想象不到存在这样的人，因此就会看不见他们的意图与目的。我们尚不能做好准备去面对这些人，也认不出他们。是否有良知是人与人之间的重要分界。

为了保持清醒的头脑，我们最好接受这样一个事实，即确实有一小部分人和其他人的心理观念与思维模式大不相同。虽然他们和别人不一样；但是却能融入整个人类大家庭。他们潜伏在组织与社会上，不但不显眼，而且甚至意识不到自己和别人不一样——他们自己也不觉得自己有什么特别。他们缺乏良知，意味着常见的社会控制工具对他们来说不管用，也和他们无关。这其中的问题很严重。这些人很可能破坏他人的生活，而且经常被称为精神变态者。

固然对于我们大多数人来说，精神变态者并不常见，然而他们在生活中其实处处可见。许多有过反人道罪行的历史人物都属于精神变态者。举个例子，在混乱的社会环境中，比如战争、贫穷、经济崩溃、传染病或者政治动荡时期，精神变态者甚至可能成为领袖或救星。一些现实生活中的例子，比如阿道夫·希特勒。但是，我们很可能在流行小说和电影中更常遇到精神变态者，比如《现代启示录》中受勋的叛徒库尔茨上校；《沉默的羔羊》中将食人行径转化为美食学的汉尼拔·莱克特；《美国杀人魔》中的投资银行家兼连环杀手帕特里克·贝特曼；以及《龙文身的女孩》中的另一位连环杀手、成功的 CEO 马丁·范格。这些道德堕落的人代表了社会上的“恶魔”。他们扮演的都是不可阻挡、无可救药的掠夺者，其暴力行为都是提前计划好的，目的明确，冷酷无情。

然而，只有一小部分精神变态者会成为暴力罪犯，电影和小说中经常出现的就属于这类人。还有很多不那么极端的心理变态模式，它们和我们通常谈论的罪犯身上的性格障碍大不相同。并非所有的精神变态者都一定会被监禁，其中一些甚至可能身处高管级别，只要权力、地位或者金钱成问题的地方，就会存在这些人。与前面提及的可怕历史与小说人物相比，这些人并没有那么暴力或反社会；他们的恼人行为不会冲你劈头盖脸而来。相反，他们很可能把精力投入到不太明显、暴力的行为方式上。他们很清楚该如何调节并掩盖自身差异，从而更有效地控制他人。因此，如果我们想要划分心理变态类型的话，那么像前面提到的小说精神病患者库尔茨、莱克特、贝特曼以及范格就属于最极端的一类心理变态人物，而那些成功的精神变态高管则处于另一头。

精神变态者与其他人之间的最大区别在于他们缺乏良知。这些人体会不到普通人的“正常”情感，包括羞耻感、内疚或者悔恨。虽然他们通常秘密行动，其他人很难发现，但是他们确实普遍存在。精神变态学著名专家罗伯特·黑尔指出，约有一成的人口属于精神变态——而高管人群中这类人的比例更高。虽然各种估计值彼此不一，但是大约有 3.9% 的企业高管存在心理变态倾向，这要比以总人口为基数统计出来的数值高很多。按照这样的观察结果，可以推测，许多企业员工都很可能遇到存在心理变态的上司。

为了促进大家对企业环境中这类行为的认识，我在本章中引入了恃强凌弱者，或者说恃强凌弱型高管这类人——也可以简称他们为心理变态——并将他们与传统意义上的精神病患者进行了区分。（接下来我会详细谈论这方面问题。）与监狱或精神病院里的那些“严重”精神病患者相比，恃强凌弱者表面上表现得很正常。他们甚至能很好地适应某些企业环境，其中一些人还当上了高管。

恃强凌弱者不受良知限制，做事效率很高——至少暂时是这样。许多跨国公司对这些人非常有吸引力，他们渴望以牺牲他人以及自己所效劳的企业为代价，登上高位。尤其在金融机构，恃强凌弱型高管更为常见。不论是破产的雷曼兄弟前 CEO 理查德·富尔德，还是巴克莱银行前 CEO 鲍勃·戴蒙德，事实上并不是典型的模范商业领袖。一直到近期，人们才清醒地认识到把钱交给“银行家”风险非常大。由于金融机构需要赢得人们的高度信任才能有效运作，大家会错误地认为这些机构的运作人士值得尊敬。但是，恃强凌弱型高管也会蜂拥至这些金融机构，而他们本身完全不可信。他们会利用他人的信任为自己争取利益。这种“做法”往往具有心理变态的一面。

由于很难识别这些人（他们做事隐蔽），究竟多少人存在心理变态倾向仍然需要推测，没有确切数字可言。将某个人归类为“心理变态”是一项严峻挑战。不过，我们在这类人中会发现很多容易诱人上钩的政客、投资银行家以及其他赝品推销商，比如教派或宗派领袖——初步统计中不一定包含这些人。此外，许多白领罪犯也属于心理变态。然而，需要指出的是，高管层面很少会有典型的精神病患者，因为精神病患者往往都存在自毁倾向。

由于恃强凌弱型领导的下属大多数都缺乏积极回应、应付他们的知识与技能，因此这类领导很难识别。下属要么不明白自身问题产生的原因，要么不知道该如何反击。更糟糕的是，恃强凌弱型领导者往往会借助奉献精神、注意力以及商业头脑来打造成功表象。他们有很多招数，包括情感勒索，劝说他人时不真诚，诋毁周围的人，转移当前的问题，隐藏威胁，撒谎，或者扭曲事实。他们很善于假借助人为乐、心怀好意或者“为公司利益着想”等借口操控他人，也很擅长隐藏真实动机，同时让他人显得很不称职、不配合或者自私。此外，他们还十分善于让别人失业，转而为他们效劳，或者在他人质问他们的操控行为时让对方反过来给自己道歉。他们最在意的就是成功。成功意味着达到他们的目的，同时能借助权力地位控制他人。他们会以暗讽形式打击对手，还要确保成功中伤到企业的实权派。大多数人都意识不到他们的这种卑鄙手段——以至于恃强凌弱型高管还经常被当作快速晋升的领导者典范。但是，虽然恃强凌弱者凭借有名无实的功绩收到嘉奖，但是他们身边那些人会因此感到沮丧，因为正是他们导致对方的企业工作生活犹如噩梦般恐惧。只要恃强凌弱者掌握足够权力，就能够欺骗、控制并最终摧毁各种规模的企业。

“他们很善于假借助人为乐、心怀好意或者‘为公司利益’着想等借口操控他人。”

我在前面已经提到过，恃强凌弱型高管很善于在企业不断晋升，因为他们能通过迷惑上司与下属来掩盖自身的弱点。还有一些这类高管做事非常隐蔽，谁都看不出他们行为中存在什么心理变态现象。他们也很善于让其他人成为替罪羊，这非常有助于掩盖他们的无能。假如能放大他们的行为，就会发现他们当中很多人事实上工作能力非常差。而且他们也会产生严重的负面影响。由于这些人只关注自身晋升与财富积累，而不关注自己所在企业或组织的持久成功，因此造成的灾难可能迫在眉睫。相比其他行为失常的高管而言，这些人对企业造成的破坏更大，因为他们的破坏范围会波及周围很多人。讽刺的是，由于这些人无法理解自身行为相对于他人的意义或重要性，也不能估测对方可能会做出的反应，因此在发现其他人被利用后伤心不已时会感到吃惊。

不过，有一点需要牢记在心，那就是“严厉”或“苛刻”的上司并不一定是恃强凌弱型，只要他们值得尊敬，做事公平，同时工作的主要动机在于通过制定合理的高要求来激励下属发挥最佳作用。

怎样才堪称恃强凌弱型高管？

要想更好地认识恃强凌弱型高管，我们需要对精神病学与神经病理学领域进行探究，仔细审视心理病理行为。好几个世纪以前，人们就认清了这一特殊条件，并将其称为“疯狂但是不至于精神错乱”以及“道德错乱”。1835 年，医生詹姆斯·考尔斯·普理查德将“道德低能”描述为精神错乱现象，并不涉及智力问题，而是指情感与行为模式堕落。现代精神病学的创始人之一埃米尔·克雷佩林用很多说法来描述精神变态，其中包括反社会的病态说谎者、骗子、冲动、自私、油腔滑调、很诱人但是缺乏内在道德。19 世纪晚期，德国精神病学家杜撰了这个词“精神变态”。然而，是赫维·贝克利在那本谈论精神变态的经典论述《理智的面具》中扩展了该词的定义，涵盖了一些行为模式，比如控制欲望、不真诚、自我为中心以及缺乏内疚感——这些犯罪行为特点也存在于稍微有些不正常的人身上，包括高管。精神变态者属于这样一类掠夺者，他们为了满足自身的自私需求会去控制、威胁他人，而且总是在先为自己着想。他们缺乏良知与同情心，时刻想着拿走自己想要的东西，做自己想做的事情，违反社会准则与预期，而且丝毫不觉得内疚或后悔。

关于精神变态、社会病态、反社会人格障碍等概念的说法可能会令人困惑。查阅文献，可以发现许多这种归类都是重复叠加的，而且经常互换使用。事实上，精神病态这一术语（以及20世纪30年代后期出现的近义词社会病态）一直以来都属于“废弃”语，原先被用于泛指暴力与精神状态不稳定的罪犯。美国精神病学会《精神障碍诊断与统计手册》倾向于认定精神变态与社会变态这两个词属于用词不当，而主张选择可观察行为这一说法。这就进一步强调了废弃语事实。按照精神病学会的意见，在悔恨与内疚等易变情感的认定上，临床医师给予主观解释的可能性很大。不过，世界卫生组织在国际疾病分类ICD-10中采取了截然不同的看法，将精神变态、反社会人格、未社会化人格以及非道德人格划定为反社会人格障碍的同义词。

综合考虑对精神变态的各种疾病分类方法，很容易发现这些不同说法的使用大体上取决于使用人的生活背景。举个例子，心理学家与社会学家更愿意用社会病态这个说法，认为人格障碍属于社会因素，是由童年所受的创伤与虐待引起的。相比之下，神经科学家、生物学家以及遗传学家认为心理变态是由心理缺陷引起的，主要原因是控制冲动与情感的大脑部位发育不全。

病因转移

但是，精神变态这个词的起源是什么呢？其背后存在哪些原因？首先，精神变态并不是成年后突然出现的。从一开始，存在精神变态倾向的儿童和其他儿童的行为方式就存在很多区别，只不过究竟哪里有区别难以确定。这类儿童更“执拗”、“任性”、“令人讨厌”，而且“很难沟通”。但是，不管精神变态的早期迹象如何，精神变态行为的病因在生物与环境变量的交错相互作用下变得更为复杂。心理健康专家投入了大量时间，想搞清楚先天或后天是否会影响这种现状。举个例子，儿童身上存在一种心理问题，被称之为行为失常。该问题表现为儿童会反复做出某种行为模式，期间会违反他人的一些基本权利以及重要的适龄规范。这种行为往往会引发反社会人格障碍。不过，虽然相比一般人群而言，精神变态者身上存在这些儿时迹象的概率更高些，但是并非所有儿时存在这类迹象的人成人后都会发展为精神病患者，或者说会出现行为失常。于是，先天－后天的难题再一次摆在了我们面前。并没有发现有哪些早起人生经历与精神变态的随后诊断之间存在直接关联。很多人虽然童年时期经历过困苦，但成年后也成功克服了过往经历，成为了正直的人。几十年的研究与临床观察也没能提供有关精神变态者负面成长背景的一致发现结果。很多人儿时受过虐待，但是成人后也没有变成精神变态者或罪犯（虽然，在很多情况下，这些人身上仍然存在一些严重问题）。

由于缺乏直接因果关系，精神变态的病因至今仍然模糊不清。精神变态心理中心要素的起源——即缺乏良知与同情心——让心理健康专家很是费解。难怪，法医心理学上存在一种倾向，认为童年时期的负面经历可能引发成年犯罪。许多犯罪学家认为真正的精神病患者是天生的，而非后天的。他们指出，儿童建立亲情关系的能力，以及依恋行为问题主要是精神变态的结果，而非成因。从这个角度来看，虐待行为的因果关系并没有得到多数人的赞同。难怪，相比对病因的研究而言，人们更重视对精神变态病情的诊断。

“精神变态心理中心要素的起源——即缺乏良知与同情心——让心理健康专家很是费解。”

问题仍然存在：在精神变态倾向形成的过程中，哪些因素是成长中出现的，哪些又是遗传而来的？由于缺乏对这种病症因果关系的一致看法，关于精神变态者的大多数研究都采取了遗传学或者神经病学角度。大脑与精神变态之间的生物性关系正是大多数这类研究的核心。举个例子，实验室已经建立了许多关于精神变态（包括情感、语义以及生理差异）的一致性关联。通常，这些测试结果表明，精神变态者很容易出现神经（很可能是由于遗传）异常现象——也就是说，他们之所以出现神经错乱是因为他们本身存在的病症。其中一些研究表明，生物起源缺陷（神经异常现象，主要会出现在大脑额叶）不利于精神变态者处理复杂的情感体验。大脑该区域的非典型解剖或化学反应很可能是由异常生长（很可能与遗传相关）、脑部疾病或者脑损伤引起的。

精神变态也和杏仁核降低的反应速度相关。杏仁核是位于大脑底部的两小块区域，主要与情感反应和学习相关，也会影响人的攻击性、性欲以及鲁莽行为。大脑前额叶皮质主要负责冲动控制、决策、情感学习以及行为适应，其异常也会和精神变态相关。似乎对于存在精神变态倾向的人而言，大脑中只存在更为原始的爬虫类脑情感反应（比如，争斗－逃跑反应），不受大脑皮层各项功能的影响。由于存在这一特殊缺陷，精神变态者无法“解读”他人的情感。

借助正电子发射断层成像术所开展的研究有助于推动该研究路线。该成像术属于核医学成像技术，可以对人体的功能流程成三维图像。该技术从视觉角度展示了精神变态者大脑神经元新陈代谢活动的渐弱。对荷尔蒙功能的分析旨在区分精神变态者与“正常”人之间的生理差异。比如，有几项研究表明精神变态与低皮质醇水平较低有关。

尽管大量研究表明精神变态者与一般人之间存在生理差异，精神变态先天的一面不一定会排除后天的影响。在大多数复杂人格动态的案例中，先天与后天都发挥着重要作用。比如，有些人很可能天生就会对某种疾病存在遗传易感性，但是他们的成长环境会在很大程度上决定这些异常行为的表现形式。由于 35% 到 50% 的个性特征是遗传得来的，因此人们的行为方式有很大一部分没有做解释。

因此，尽管关于精神变态者行为的研究生物起源因素占据主要优势，大量心理健康从业者仍然在继续强调不稳定、不开心的童年环境在犯罪与反社会行为的形成中所起的作用。精神变态、父母拒斥以及亲情缺失这三者似乎密切相关。成长环境艰苦也会恶化精神变态行为模式。虽然生物起源研究取得了很多成果，但是仍有大量研究表明行为准则不一致以及家庭生活的破坏（比如父母离异、分居、摈弃或伤害子女身体）都会引发成人犯罪行为。大多数精神变态者自幼就开始出现严重的行为问题——比如经常撒谎、骗人、偷盗、纵火、旷课、滥用药物、破坏公物以及性早熟等。

考虑到这些前后不一致的研究结果，我之前的建议就可以理解了，即区分两种不同的精神变态者（处于极端的“严重”精神病患者，与处于分类另一头的轻度精神变态者——恃强凌弱者）。和严重精神病患者不一样，轻度精神变态者天生缺乏情感维系能力（因为他们存在严重的遗传畸形），会经历基本情感模式发展的失活（原因在于先天与后天的相互作用）。对于他们而言，发展动力很可能会起到重要作用。弥补神经错乱不是办法。由于这些人童年时期遭遇过身体、性或者其他形式的虐待而反复经历理想破灭，因此同情反应能力遭到了削弱。久而久之，这些负面环境体验很可能会导致正常的人类情绪失活或修复不佳，从而引发精神变态行为。到了晚年，情感抑制可能会产生严重后果，尤其是当精神变态者在比较大的平台工作的话——比如组织或社会。

个人与组织配合

举个例子，恃强凌弱型经理人的行为也会引发个人与组织之间的沟通性质问题。组织是如何影响个人的？个人又是如何影响组织的呢？二者之间又是如何相互作用的呢？现代企业制度对精神变态者而言就那么理想吗？为了说明这一点，我们以乔尔·巴坎的那部颇受欢迎的纪录片《大企业》为例。这部纪录片是他基于同名著作制作的。它指出，现代企业受股东利益驱动，无论这会如何影响工人、社会或者环境的利益。这一单纯动机着实令人担忧，很可能成为不利因素，同时对社会福祉构成威胁。许多企业在自由追求利益的过程中，会造成环境污染、剥削工人，出现账务舞弊行为。使股东利益最大化会引发一系列反常现象，其中包括“忽视他人福祉”，“不利于建立长久关系”以及“欺诈行为”。这就会对这些组织员工的心理健康产生负面影响。该部纪录片指出，企业在自我利益以及金融贪念的驱动下本身就存在精神病态。

巴坎认为，由于企业一心想着为股东创造财富，因此自然而然会忽视股东行为所造成的社会负担。企业为了实现利益最大化，置他人于危险境地，在这个过程中也会伤害到员工与客户，同时会破坏环境。严重社会危害现象有很多案例，包括童工、剥削性低工资、操纵性宣传、不健康的食物以及不可持续的环境破坏等。企业具有双面性，而且很难理解——它们会选择性地披露信息，可能不会披露自己生产的产品会造成危害等这类信息；它们很可能不知是非，为自身决策找借口；它们缺乏良知，但是却能借助一些欺骗性的广告宣传假装关心他人，表明自己多么无私。企业只需要借助媒体公司为它们包装的虚假形象在表面上与他人交往。此外，大量企业在无休止地追求利益的同时，会让善人去做恶事。从成人发展的角度来看，这就提出了这样一个问题，即究竟是企业加剧了人们的恃强凌弱特点，还是恃强凌弱型经理人造就了这类企业。

也许，答案是这样做是否合适——不管积极还是消极。我们可以制作一个个人－组织关系矩阵，其中包含以下几方面内容，比如“健康”以及“神经症”，然后找出最糟糕的情形：即神经质企业与神经质员工之间的完美拟合。这一结合引发了非常有害的达尔文式组织文化的出现。经理人要想在企业中生存下来，就需要残忍一些，不停谋求自身利益。在关系矩阵的另一端，情况比较理想，即企业与个人相对都很健康。这种组合最理想，但是也很罕见。我将这些健康企业称之为员工能发挥最大潜力的地方。问题最大的象限代表企业与个人之间不匹配。其中一种情形是企业很神经质，但员工很健康，这就导致员工很不痛快。要想能够在混乱环境中保持理智很难。另一象限中个人存在病态——比如，恃强凌弱型经理人——是这样的经理人在原本健康的企业中营造了有害的企业文化。各种情形综述详见表 5.1。

企业文化 \ 个性	病态	健康
健康	“不匹配”： 把组织逼疯	“匹配”： 真实组织
病态	“匹配”： 达尔文“困境”	“不匹配”： 被逼疯

表 5.1 组织 – 个人匹配

怎样辨识恃强凌弱型经理人

我在前面提到过，恃强凌弱型经理人很难被发现——至少一开始是这样。很多人认识不到他们的狡猾性情，他们甚至会否认或企图为自身的不当、不道德行为找借口。知道真相的那些人不愿意承认自己遭到背叛或欺骗，这进一步恶化了问题。对于高管而言，要想识别并克制恃强凌弱者，他们需要“用第三只耳朵倾听”——即能够接收到组织内部的微妙信号。

> “恃强凌弱型经理人很难被发现——至少一开始是这样。”

那么，你周围有没有恃强凌弱型经理人呢？在和企业内部存在恃强凌弱倾向的人们打交道时，考虑以下问题会对你很有帮助：

· 他 / 她是有些油腔滑调或者富有魅力吗？

· 他 / 她是以自我为中心吗？

- 他 / 她会不会自我夸大呢？
- 他 / 她总是需要刺激吗？
- 他 / 她很容易厌烦吗？
- 他 / 她说谎成瘾吗，包括在小问题上也是如此吗？
- 他 / 她是不是很狡猾、爱指使人呢？
- 他 / 她的行为很能说明他们体会不到悔恨、羞愧或者内疚感吗？
- 他 / 她缺乏情感体验经历吗？
- 他 / 她冷酷无情吗？
- 他 / 她缺乏同情心吗？
- 他 / 她很自私吗？
- 他 / 她过着寄生虫般的生活吗？
- 他 / 她是不是把他人当作了目标与机会呢？
- 他 / 她的自控能力很差吗？
- 他 / 她的行为方式非常不负责任吗？
- 他 / 她很冲动吗？
- 他 / 她有将组织体系与规则为自己所用吗？
- 他 / 她总是欲达目的不择手段吗？
- 他 / 她经常因为自身错误责怪他人吗？
- 他 / 她权利意识很强吗？
- 他 / 她谎话连篇吗？
- 他 / 她很难区分事实与谎言吗？
- 他 / 她很喜欢利用、滥用以及行使权利吗？
- 他 / 她有没有认为“成功”至上呢？
- 他 / 她性关系混乱吗？
- 他 / 她儿时存在行为问题吗？

假如上述大部分问题的答案都是肯定的，说明你面对的很可能就是恃强凌弱型经理人。普通经理人只会符合少数几个问题的描述。

不幸的是，与恃强凌弱型经理人打交道会严重危害人们的健康与福祉。荒谬的是，尽管如此，他们在出现不可接受的行为之后仍然会找出许多借口，包括“她就是这样粗狂管理员工的”，“他只不过是想激励那个人发挥才能”。此外，还有其他一些经常听到的回应，比如恃强凌弱行为的受害人“肯定太软弱无能了”，“肯定太无能了”，不然他们是不会允许别人这样对待自己的。许多这类受害人都受到了威胁，因此担心如果自己大胆说出对不当行为的意见就会失业。他们更愿意缄默不言，请个压力引起的病假，或者更糟糕的是，主动辞职。在毫无障碍的情况下，大量恃强凌弱型经理人就这样侥幸逃脱了专制与破坏行为本应接受的惩罚。总体而言，相比费尽力气建立正式记录，或者投诉他们，人们更愿意选择主动从企业辞职。

“与恃强凌弱型经理人打交道会严重危害人们的健康与福祉”

应对恃强凌弱型经理人

既然这些人可以行使这么多权力，影响力又这么大，难道就没有办法强迫他们承担责任了吗？个人与组织怎样做才能阻碍恃强凌弱行为肆虐呢？怎样才能预防组织内部出现这样的行为呢？

要想搞清楚这些问题，有一点需要牢记在心，即恃强凌弱行为并不是个人偶然的不良行为。假如组织内部其他人选择容忍或宽恕这类行为，那么恃强凌弱型经理人就会肆虐。因此，也可以把这类反常行为看作一个过程，其中恃强凌弱者、受害人以及局外人都与有害权力动因的产生息息相关。在对付这类人时，可以采取个人与组织两种不同角度。为了解释清楚这一过程，首先我会以经历过这方面挑战的经理人为例。

应该怎样处理这种情况呢？

简·霍华德实在有些不知所措，几近精神崩溃。她的人生瞬间发生了很大变化，从莫大的成就感陷入了深深的痛苦。一开始，她对自己所取得的工作成就非常满足。她之前在一家医疗器械公司上班，非常成功，从研究助理（她从工业学院毕业后的第一份工作）一路晋升到新产品研发部主任。但是，现在这一切似乎都已经逝去。原来的上司退休后，约翰·普勒斯顿成了新上司，从此以后形势就发生了变化。约翰之前在一家工程公司担任经理。理论上看，约翰似乎是个难得的人才。然而，事实却完全相反。诚然，他似乎和公司的重要人物相处很融洽，但是在对待下属时态度完全不同。约翰是通过威胁式管理努力提高业绩的。他非常专制，尤其是在经受压力时，会冲着其他人大喊大叫，公开呵斥、指责他们。不开心或不满意时，他很容易勃然大怒，攻击他人。他只会在固定对象面前有这样的表现，上司或客户在场时从来不这样。而简恰恰成了他的撒气对象。约翰会无缘无故指责她，冲着她恶作剧，而且总是控制她。就拿最近的情况举例，企业董事会成员来访之前，约翰一连几天在部门巡视，冲着简大喊大叫，让她“利索点”。董事会到访过后，他们从小道消息得知委员对部门各方面工作都很满意。但是，约翰却把所有功劳都抢了过去。他甚至没有跟任何一位下属分享过委员会的积极评价，更不用说感谢简做出的贡献了。这并不是她应得的待遇；这种状况持续了太长时间，似乎没个尽头。约翰对待简的方式开始影响她的身心健康。她甚至睡不着觉，而且会无端感到恐惧。

还有一点让简很恼火，那就是约翰经常变换工作职责、截止日期以及重点。这就导致简所负责的工作变得很棘手。他是在努力伤害她的自尊和自信心吗？她的几位好朋友要求调到了其他部门，其他一些则辞职了。虽然简所在的部门人员在约翰到来之前几乎没有缩减，但是现在却成了全公司员工流动率最高的部门。

简也多次尝试和约翰谈话，想让他知道自己的行为对她和团队造成了怎样的影响，但是却无济于事。约翰就是不听。更糟糕的是，简的评论似乎起了反作用，导致约翰加倍努力给她找罪受。但是，简在那家公司也没有别的去处：其他人都没有约翰和公司要人的关系好。假如对他的行为提出指责，听到的只能是各种怀疑，因为他和大家相处得都不错，而且业绩明显很好。显然，约翰对他人的不敬与不关心、威胁、中伤以及控制收到了效果。他注定会实现自私自利的目标。

正如我所说的，当企业中出现这类行为时，高层管理人员往往最后才能知道。恃强凌弱者的有害行为往往会在不对外公开的情况下发生，没有目击者，也很少有证据（从传统意义上讲）。如果有人追究责任，恃强凌弱型经理人就会借助自身的魅力与双重人格来推诿。由于经常缺乏确凿证据，因此很难对这些人采取强硬态度。不过，这并不意味着局面完全无可挽回。

简该怎样对付这位恃强凌弱型上司呢？显然，第一步就是要认识到当前状况。她不应该对约翰跟她说的那些负面的东西信以为真，而是需要能够辨识他说这些话的真正动机，同时认识到这些话可能和自己无关，和他有关。简应该自信，不能认为自己不称职。这一点很重要。如果她深入考虑问题，很可能会认识到真正有问题的是约翰，是他企图将自身的问题转嫁给她。在许多情况下，指责他人反映了恃强凌弱者自身缺乏安全感，以及他们自身的不足、缺点和不称职。

这就是说，简很难认识并接受约翰对自己所做的一切。在这里，经理人教练、理疗师、有经验的朋友，甚至法律顾问（专门负责处理不恰当的欺凌行为）可以帮忙分析恃强凌弱者的无端行为，帮助她应对约翰带来的压力。不管怎样，简都应该学会去保护自己，还应该认清恃强凌弱面具背后的病态人格。此外，考虑到她的困惑，她还需要明白恃强凌弱型经理人看问题的方式和自己不一样，他们的思维定式也很难改变。

接下来，简应该考虑一下自己是否准备好向上级反映约翰的违规行为，即便她并不是主要受害人。举个例子，如果她所在部门的其他人因为恃强凌弱领导的行为而深受其害，那么她愿意支持他们吗？还是选择默默旁观，假装没看见虐待现象呢？

针对恃强凌弱者建立档案的有效方式便是写日记，即受害方写清楚发生了什么事，以及自己对这些事的感受。每发生一件事后都需要做详细记录（包括地点、日期、时间、人物），以及说了什么，做了什么。一定要确保日记准确无误。因为这些信息事后可能很有用，尤其是在采取更为正式的步骤时。虽然做到这一点不容易，但是简做事时一定要有条不紊，写下发生的事情。此外，写日记本身也有助于宣泄情绪，可以帮助简认识到自己（受害人）并不是问题所在，真正有问题的是约翰（作恶的人）。为了进一步了解事情真相，一定要记住，事件发生频率、规律以及遵循模式是揭发虐待行为的关键。虽然恃强凌弱者很善于解释个别事件，但是他们却很难狡辩某种行为的一贯模式。

除了写日记以外，简还应该把自己经历过的事都记录下来，包括调侃、讽刺、怠慢、批评以及冷战。只要约翰提出批评或指责时，她就应该要求他把具体问题写下来，以便提供主要的量化证据。如果他是以电子邮件或其他通信方式欺负他人的，她就需要保留有关的纸质证据，并建立信息档案。她还应该记录清楚恃强凌弱者是否也以同样的方式对待她的同事，这一点也很关键。如果是这样，她就应该让同事也把约翰欺负其他人的行为与场景记下来。简不能坐等约翰逼迫自己放弃，或陷入孤独无助的境地，而是应该积极与同事建立支持网。她还应该认识到恃强凌弱者很可能会操控同事，要求他们与她保持距离。他可能会一味地奉承哄骗他们，也可能利用他们的弱点。

如果简打算严肃对待这件事——如果她决定把这件事反映给高管层（假设恃强凌弱型经理人不属于高管层人士）——就需要指出深受约翰危害的不单单是她自己。撇开个人层面，把这件事立为企业案子才最有效。简应该申明毫无保留地反映问题是她对企业的义务，这样才不至于让事态继续恶化。她应该说明自己并不是唯一的受害人，恃强凌弱者也在严重影响其他员工的内心状态。她还需要解释清楚把恃强凌弱者留在企业的代价非常大（可以举例说明多少人因为约翰辞职，浪费了多少工作以外的时间，工作中断、生产力下降等等）。提及恃强凌弱者时，她应该指出这属于一类事件，而非个案，因为个案往往得不到重视。

不过，简在向公司人力资源部打报告时最好谨慎起见。她应该认真考虑报告的内容，因为像约翰这样的恃强凌弱型经理人在高层往往有几个朋友。她也需要明白，将这样的人赶出公司并不是件易事。她应该做好心理准备，因为人力资源部可能不相信她的话，甚至会否认这种情况的存在。恃强凌弱型经理人往往很善于赢取人力资源部的拥护。甚至这个部门的某些人很可能曾经和约翰一起合作想把简除掉。在和人力资源部打交道时，需要具备和公司高管打交道时同样的策略与敏锐。

简还应该做好准备去面对告发约翰可能引发的后果，比如自己被除掉，或者遭裁员。她也应该预料到约翰可能会否认她所告发的一切，并希望高管层不要相信她。决不能低估恃强凌弱者的狡猾、无情、诡计多端与恶毒。他之前就曾侥幸逃脱惩罚，现在肯定还会有这样的企图。然而，如果简的上司不愿意参与这件事，或者反过来支持恃强凌弱经理人除掉她，那么她可以考虑请律师给公司 CEO 写信，列举恃强凌弱者是怎样对待她的，并声明自己打算针对他的种种不良行为提起诉讼。她还应该说清楚，如果他不能改过，公司（尤其是高管）就需要对受害人的损害负起法律责任。

“决不能低估恃强凌弱者的狡猾、无情、诡计多端与恶毒。”

如果简成功说服公司高管认识到这件事的严重性，还可以补充一句，告诉他们这很可能只是冰山一角——关于约翰的恃强凌弱行为还可能有更多惊人内幕。一旦这类人被曝光，往往会连带出很多类似问题，比如财务挪用或失察、违反规定或行为准则、安全问题、士气不足、民事诉讼。不能允许对方为过去的行为一味地辩解：恃强凌弱行为并不是个案，也不是发生在某个固定情形下，而是成体系的。对约翰职业经历进行调查很可能会揭示一连串类似反常行为。

简应该明白不论自己怎样努力去改变约翰的行为，都注定会失败。

真正的行为改变不仅非常困难，而且还需要大量时间。恃强凌弱者是很强大的对手，尤其是他们处于企业高位时。我们根本无法控制或者要求他们接受自身问题并予以改正。这些人很擅长否认、转换问题，并使其合理化。假如事情来得快，简必须做好准备与恃强凌弱经理人和上司打一场持久恶战。

如果简真的打算克服困难，就应该趁事态良好离开公司，尤其如果恃强凌弱者是公司 CEO。在那种情况下，她最好的选择便是自己主宰职业生涯，减少损失，保持自尊，寻找另外一家健全的公司。记住，生命只有一次。

组织防范措施

入职之前

要想防止出现像简的上司那种恃强凌弱行为，最好是在他们加入公司之前就能发现。他们一旦入职，就更难摆脱了。最明显的着手点就是工作申请过程。需要对简历进行谎言或真实度筛查，接下来要仔细审核推荐信，然后再进行交叉审核，包括其他人对申请人的文字评价。在结构化行为面试中，不同的面试官会对参加面试的人提出同样问题。这种做法很有效。往往面试官想听到什么，恃强凌弱者就会说什么。所以有多少面试官，他们就会编造出多少故事版本。如果各种版本的故事之间有出入，那么就有必要仔细核实一下。

一定要记住，恃强凌弱者往往不愿意直接回答摆在面前的问题。假如如实回答问题对他们不利的话，他们要么会撒谎，要么会顾左右而言其他。撒谎更能显示他们对所申请工作的肤浅了解。胡扯则有助于他们通过面试，就算他们对公司缺乏深层次的了解。如果有些申请人奉承资深面试官，对级别不高的面试官则表现相反，那么就需要引起注意了：他／她正是那种存在精神变态倾向的人。

在这类面试中，一定要“利用好自身”，注意自身的直观反应——换句话说，要关注他人给你带来的感受，以及他们启发了你怎样的思维模式。举个例子，假如你感觉不太对劲，说明很可能真的有问题。如果你觉得对方在奉承你，那么请多加注意。如果参加面试的人在尝试高人一筹的游戏，那么一定不要参与其中——因为你很可能因此而迷失方向。如果有人让你感觉很不舒服，或者让你产生提防心理，你很可能注意到了对方内心的可怕念头。假如应聘人员给你讲一大堆倒霉经历，请不要对其产生怜悯。同情心有时候可能会让你无法认清事实。更重要的是，不管对方跟你说什么，一定要保留怀疑精神。不要对任何人有成见。

利用自己是一项治疗技能，并不一定适合所有人，也可以采取其他工具。举个例子，从组织视角来看，心理测试可能导致存在心理变态的人登上有影响力的权力地位。虽然这类测试并非万无一失——再加上恃强凌弱型经理人很可能知道该如何智取面试官——但是它们仍然可以筛选出这些人。

对于大多数组织机构而言，许多这类筛选步骤都太烦琐。消除恃强凌弱型经理人的理想做法是打造特定的领导风格、组织结构、体系以及文化，推动各个层面的多样性、反射性以及公开度，因为恃强凌弱型经理人很难在这样的环境下谋求发展。组织领导力与文化会在很大程度上决定恃强凌弱型经理人是否有机会像下列案例所描述的一样不断发展。

组织文化与领导力角色

吉姆一直觉得自己所在的公司非常出色，具备良好的价值观与重要使命。带有目的性的利益是公司的主导动机，并非只是表面文章。大家都希望公司各个层面的领导力行为能符合自身的文化价值观。但是，一年前，随着区域新集团副总裁尼尔的到来，一切都变了。慢慢地，之前重视相互支持、关爱的公司文化消失了，所有人都开始为自己着想。之前重视诚信与同情心的工作场所如今已然堕落成了自私自利的地狱。员工士气骤然下降；好像谁也不开心，不微笑。人们开始互相监视，打小报告，只要一出问题就相互推卸责任，而且还会冒着高风险走捷径，目的就是为了达到要求的指标。无法应对局面的那些人则主动提出调到其他区域，或者直接辞职。然而，许多人则不做声，默默接受这种虐待氛围。由于就业市场艰难，再加上他们需要赚钱养家糊口，因此很多人选择继续待在公司。人力资源部门之前是公司强大的后援部门，如今部门势力也遭到了削弱，不能继续真正发挥作用了。尼尔的态度非常明确：毫无怨言——接不接受随你便。很快，他的大多数下属意识到，如果质疑尼尔的各种决策与做法是否明智，就需要付出很高代价。提出抗议的人要么遭到了忽视，要么被压制了下去。唯一重要的就是经营业绩——为区域创收。

尼尔的信仰强调冒险、积极成长以及企业创造性。理论上看，这些价值观非常了不起，但是他的实际行动却导致分离，破坏了公司之前同事之间的坦诚与信赖关系。显然，相比员工的需求以及对公司有利的事情而言，尼尔更关心中饱私囊。大多数人认识到尼尔几乎不考虑底线之外的意义或道德。渐渐地，尼尔和心腹的种种行为导致公司出现了复杂的异常现象，而且深入人心。

吉姆不明白公司高管团队为什么会容忍尼尔的这种行为。他能给出的唯一解释便是，尼尔的经营业绩（至少是短期业绩）让他们挑不出毛病来。但是，之前的理想工作场所如今却变成了极端冒险家与寻求刺激的人的场所。吉姆不明白尼尔和他的高管团队为了获取之前鼓吹的各种收益会做出多少不道德的危险做法。他一直在考虑自己应该做些什么。是应该默默接受现状呢？还是应该想办法通过公司总部的熟人传达这样一个信号，即该区域可观的短期效益从长远来看很可能存在很大风险呢？

我想强调一点，即组织文化会在很大程度上决定哪些行为可以接受，哪些不可以。不幸的是，有些组织文化似乎会纵容员工的不当行为与态度；许多有失道德的做事方法得到了高管的宽恕，甚至维护。在这样的工作环境下，许多员工很可能会认为恃强凌弱行为正常，或者可以接受。有些人（尤其是处在领导岗位的那些人）很可能会对不恰当行为视而不见，抑或是仅仅把它看作经理人之间的性格冲突。从组织文化角度来看，给人带来惊吓、羞辱、轻视或者贬低身份的行为或语言会发展成为根深蒂固的正常行为准则，从而增加了不正常组织行为的出现。其他负面行为还包括散布谣言、传闻以及恶意嘲讽、不合理的批评、蔑视性看法以及鼓励某些人。不恰当的管理方式包括设定难以遵守的时间期限，不断改变截止日期，不允许人们获取信息和资源，或者工作场所权限分配不公等。这些文化态度与行为会制造恐惧与威胁氛围，导致大家不敢讲真话。不幸的是，像尼尔那样的恃强凌弱者正是在这种文化下才能够得心应手——也能在不良行为之后侥幸逃脱惩罚。

和其他工作场所问题一样，作为一种预防措施，要想营造消除恃强凌弱行为的组织文化，需要从上级做起。高层管理人员应该为下属树立榜样，不应忽视违规行为——他们应该明确表示，这类行为属于严重渎职，会得到制裁。组织应该全力打造开放、相互尊重的文化氛围，有利于大家讲真话。这一点也很关键。

组织领导应该明确，打造相互尊重的文化氛围并不只是一种形式，而是高层管理人员的重要任务之一。高层管理人员应该积极创建重视所有参与者的工作环境。在年度报告中发表高论调并没有多大价值。重要的是实际情况。组织需要将价值观内化，明确指出并强调哪些行为符合规定，哪些不符合。此外，大家还需要经常讨论究竟什么是可行的领导力风格。所有组织成员都应该清楚只要对不可接受行为提出异议，就会得到认真对待。

“在年度报告中发表高论调并没有多大价值”

往往，如果组织具备强劲的团队进程——以及高效的团队领导，能确保团队文化成为主导——就能在一定程度上避免恃强凌弱行为。团队工作有助于制衡恃强凌弱者，而且这种协作文化还能防范这类人的出现。组织也可以落实关键业绩指标，与成果明显挂钩，来督促人们为自身行为负责。这样就能确保恃强凌弱者不能以挂羊头卖狗肉的策略为借口来逃避责任。组织政策明确规定哪些属于欺凌行为——包括反欺凌培训项目——不仅能够遏制恃强凌弱者，而且也有助于员工识别并应对他们。培训项目应该包含对组织内部精神变态者有关特征的讨论；他们是如何控制员工与组织控制体系的；以及他们的行为为什么总是与良好的有创造性领导力相混淆。如果能做好离职面谈，也能提供重要信息。许多有才能的员工之所以辞职就是因为受害于恃强凌弱行为，离职面谈也是发现这些问题的好机会。

要想除掉已经进入组织的恃强凌弱者，需要打造组织文化，允许一般员工表达他们对同事与上司的关心。由于许多恃强凌弱者在上司面前不会胡闹，因此领导需要从其同事或下属那里收集反馈信息，了解他们的不当行为。可以制定一些流程，这样员工就可以按流程做事，向上级投诉。如果经常能听到多方面的反馈意见，那么这个过程就更容易操作了。反馈体系可以很好地提示精神变态经理人的存在，并在更严重后果出现之前检测出异常行为。由于恃强凌弱者往往具有高潜伏性，因此企业应该多关注这些人职业生涯早期的不协调行为，而且一定要跟他们以前和现在的同事分别认真核实。

假如直接上司与资历较浅的员工对同样一位经理人的评价，或者同事与上司对他/她的评价存在很大差异，就表明问题真的很严重。处在底层的员工往往是恃强凌弱者精神变态行为的受众，通常要比高管更早预测到问题的存在。组织应该明确规定该如何揭发不当行为——比如，专门配备调查员，设置匿名举报电话，或者专门的告密步骤。能表明出问题的直接标志便是某个项目组或者部门有很多优秀的人急着要退出。这就有必要仔细调查这些人所在组或部门了。另外一个明显标志是人力资源部收到的集中投诉。

个人改变：背水一战？

一直以来，我都在关注该如何识别并摆脱恃强凌弱者。但是，这就涉及一个问题，即怎样才能让这些人做出改变。不幸的是，在大多数情况下，存在精神变态的人都很难改变。“顽固的”精神变态者不会被外界变化干扰；他们不符合常见的精神困扰或培训现象，即客户希望找到解决烦人心理与情感问题的方法。在大多数情况下，精神变态者根本意识不到自身存在心理或情感问题。他们对自己以及内心非常满意，认为没必要改变。他们认为自己优于他人，高于社会规范。

精神变态者体会不到同情、内疚或悔恨等感受，因而无法与心理治疗师或培训老师建立工作关系。他们几乎很少抑制内心的反社会冲动，即使这样做了，也不是因为受良知驱使，而是因为这样做能实现自身目的。对这类人进行心理干预往往没什么效果；确实，心理健康专家认为临床精神变态人格障碍无法治愈。这些人可能会要求进步，但是往往他们接受治疗的唯一目的在于从理疗师或培训老师那里获取“良好报告”。一旦拿到报告，他们就会回到之前的工作状态。

“对精神变态者进行心理干预往往没什么效果”

不过，或许“轻型”精神变态者，即恃强凌弱者相对更有希望。

个人改变培训

泰德是一家大型消费品公司的 CEO。他对公司潜质很高的年轻人大卫有些担心，因为大卫好像很喜欢激怒他人。他告诉大卫，除非他能快速成长，否则在公司得不到长远发展。他还建议大卫去请位经理人教练帮助他纠正自身行为。大卫也接受了他的建议。教练名叫罗伯特。他发现大家对大卫的怨言多得不得了，泰德替他做了总结：大卫过于妄自尊大；显然认为普通的社会规则并不适合自己；出问题时他往往会怪罪他人；他不愿意为自身行为负责，也不愿意承认过失；总是在否认一切；选择性记忆；不可信赖，泄密；过度竞争；不具备团队协作这一主流文化能力。泰德也承认大卫原本很有人格魅力，这一评价稍微不那么负面。

罗伯特认识到大卫的情况很难处理，但是他还是决定接手。虽然之前有人警告他，但是初次见面时大卫展示出的魅力与推诿做法导致罗伯特没机会问那类问题，也没得到问题的答案。这些问题有助于他更好地了解大卫。为了打破僵局，他建议大卫进行 360 度的多方面反馈练习，其中还包括家人与朋友的反馈——即工作环境以外的人。反馈进一步证实了泰德对大卫的问题总结，也为之后的多次见面打下了基础。罗伯特开始请大卫从自身角度分析反馈意见，这属于“心理干预”的一种形式。他得避免和客户产生争论以及面对面的对峙。毕竟这样做对他没有任何帮助。

他一直在考虑怎样才能让大卫开心工作、生活，而反馈意见表明的情况远非如此。有必要让大卫搞清楚他现在行为与目标之间的出入，因为这也有助于推进他做出改变。罗伯特解释说大卫目前与他人的沟通方式很无效，他早期的沟通方式可能很有效（考虑到他家的消极环境，因为当时他凡事都需要靠自己）。因此，他需要做一些改变。虽然罗伯特面对的客户很强大，但是，经泰德核实发现，渐渐地两人之间的沟通开始有了效果。大卫似乎不仅仅在表面上有所改变。尽管遭遇了许多挫折，罗伯特似乎能感动大卫了。大卫的领导信誉（尽管他之前的行为不正常）并没有遭到彻底摧毁，这一点也很欣慰。公司同事都很赞赏他取得的进步，而且也愿意假设他的无辜。他展示了自己取得的很大进步，因此泰德任命他为公司亚洲业务负责人。与此同时，他也与罗伯特定期见面，担心自己回归到以前的异常行为。

尽管如此，大卫的案例可以说是例外，并不是既定的规律。因为他属于“轻型”精神变态，所以可能做出一些改变。在这类恃强凌弱者当中，有一些颇有胆识、敢于冒险的非传统人士早年时期就养成了一套自己的行为方式；还有些人是因为抵挡不住诱惑，因而最终往往会惹上麻烦。如果他们发现其他人像自己一样能通过培训干预获益，很可能就会相信求助于他人有利可图。假如他们能和治疗师或教练建立起稳定关系，那么还有可能做一点改变。不过，要想改变这些人的行为模式并不容易。

然而，一般来说，恃强凌弱型经理人寻求咨询时（往往是出于外部压力，或者工作带来的疲惫），往往会与治疗师或教练建立起以下两种关系：要么经理人会把治疗师/教练当作伙伴，与之共同抵制“强迫”

他们接受培训的那些人；要么他们会施压于治疗师 / 教练，企图获取其他好处，通常是合法利益。

不管采取上述哪种形式，大多数治疗师与教练都认为和这些人一起共事很气人、令人失望。恃强凌弱型经理人会和治疗师以及领导力教练玩拿手的心灵游戏。他们总会为自身的行为找新借口，对他人的弱点产生新看法。在许多情况下，接受治疗只能导致他们更善于操控他人。他们也经常主动阅读心理治疗 / 培训文献，学习一门语言来为自己的行为辩解。有些人还会反映治疗师或教练的愿望，声称自己看出了他们的过失。他们可能会表达悔恨，紧接着言行举止却又自相矛盾了。就算心理治疗或培训真正产生作用，他们也很容易与想要帮助自己的人反目为仇。不管建立怎样的协作关系，都会不堪一击。

我曾经指出，处于高管地位的恃强凌弱型经理人会在大范围内改变组织面貌；他们的异常虚弱行为会像癌症一样渗透到组织内部。如果我们以金融业为例，就会发现一小部分恃强凌弱者的不道德行为会给组织运作、行业盈利、经济绩效以及社会繁荣带来灾难性影响。他们掌握的权力越大，就越可能滥用权力。

要想检查组织内部是否存在恃强凌弱者，需要从纯粹的认知 – 理性方法上升到组织与个人分析。采取心理动态系统角度有助于我们了解妨碍组织效度的潜意识情感与心理动因，从而可以采取干涉手段减轻个人病态行为的负面影响。这一临床模式揭示了道林 – 格雷式的现状。巧妙运用这方面知识有助于揭示事物的真实面目——同时暴露一些人带给他人的损害。确保人们的心理健康是所有组织的核心价值。任何组织都应该对恃强凌弱行为采取零容忍的态度。艾尔·卡彭曾经说过，“相比亲切的话语而言，同时采取武力能争取到更多”。组织领导者了解恃强凌弱者时最好记住这些话。

第六章

为什么要培训？

你不可能教会别人一切，只能帮助他们从内心发现并了解事物。

——伽利略·伽利莱

最大的危险并不是好高骛远并错失良机，而是鼠目寸光却得愿以偿。

——米开朗琪罗

那些在内心固化并抑制情节与演员，只允许他们有所想不允许他们有所为的人，或许应该牢记萨特的名言："假如你想写活人物，那就给他们自由！"

——乔伊斯·麦克杜格尔

本章探讨了教练的成长历程，尤其是他们在学习如何开展群组培训时遇到的难题。为明白起见，我选用个案来探究和这一心理干预手段相关的一些重要问题。以下案例指出了教练在这一冒险历程中会经历哪些困难。本章第一部分介绍了一位教练对领导力团体培训的有关思考，探究了他在成长为团队教练时的心灵之旅。第二部分探讨了团队培训为什么能成为有效的心理干预方法，研究了适用于个人的动态过程以及一系列问题——即整个团队摆明的主题。

教练经历

有人请皮特在没人指导的情况下开展团队培训活动。这是他第一次独自担任团队教练。长期以来，他一直都在期待能做点什么，现在终于有机会了。但是，他又感到万分焦虑，这一点令人啼笑皆非。一对一的培训是一回事；团队培训又是另一回事。他很清楚担心很正常——人类总是对未知事物充满了恐惧。当然，相比其他人而言，皮特更为多虑——这与他的个性有关。

现在的感受让他想起了自己走火焰步时的感觉。他清楚记得当时自己看着那通红的炭火，鼓起勇气，深呼吸，心跳减速，然后准备踩在灼热的火红煤炭上。迈出第一步很是惊险，但是等他掌握窍门之后，发现走火焰步其实很令人兴奋。让他大吃一惊的是，他竟然没有被烫伤。后来，他发现炭火的传热速度非常慢。他的双脚接触炭块的时间并不长，因此不至于引起烫伤。消除内心的疑惑后，他终于成功了。

皮特意识到单干就好比走火焰步。没错，他是感觉很焦虑——但是同时也感到非常振奋、好奇。他期待这场冒险之旅。这次的培训将会成为里程碑，朝着他多变职业新角色迈出的第一步。他应该把这当作新职业身份的起点。

成长日记

皮特刚刚学习培训那阵儿，对它充满了热情。作为经理人，他一直以来都是各种培训心理干预的对象。而且，每次他都会发现教练的见解非常有用。他认为培训是帮助他人有效处理工作生活问题的好方法。相比让下属发挥最大作用而言，你还有其他更好的职业生涯吗？还有什么能比让他人做出能改善他们生活质量的决定更好呢？皮特总是能让大家认识到自己的能力其实远不止现在的水平。

但是，这期间也需要克服一些困难。皮特认识到如果自己想成为优秀教练，就需要处理自身存在的一些问题。要想做好这份工作，他需要保持健康平衡的生活习惯——而有时候他的人生会失调。他需要全力维系与亲近的人之间的关系，也即需要培养情感自制能力。

对于皮特而言，克服恐惧、不安全感以及不确定是他一辈子的挑战。然而，既然痛苦都是自找的，皮特知道没人能让自己自卑，除非自己愿意感到自卑。在踏上新的事业里程之前，他需要进一步搞清楚自己为何想成为教练，并考虑一些追根究底的问题。

生活状态

成为领导力教练究竟指的是什么？为什么让皮特很激动？这主要涉及自助呢还是帮助他人呢？还是说二者皆有？要想成为高效教练，皮特在和其他人打交道时应该放下架子。他能做到这一点吗？他能排除自身因素，走进他人的世界吗？他有很强的同情心吗？他很清楚只有自己在上述问题上给出肯定答案，才能成为真正的教练。

皮特知道自己应该做好准备进一步了解自身，包括他的盲点。但是，他会对自己的新发现满意吗？还是说会很失望？然而，更多地了解他内心的冲突、愿望、渴望、恐惧、偏见以及盲点要比不了解好得多。这样，他就不会将自身偏见投射到客户身上了。实现这一层面的自我认识并非易事。但是，这有利于为他开启趣味之旅。如果他把事情做好的话，就能和客户保持对话学习了。

当然，这需要双方都乐意共享看法，真正聆听对方，愿意接受新观点，同时为开展对话与成效共同负责。事实上，培训历程意味着对自我卓越的毕生追求。经过深入考虑，皮特认识到自己对深入自我认识的追求或许是他想要成为领导力教练的首要动力。

“培训历程意味着对自我卓越的毕生追求”

皮特知道自己具备敏锐的洞察力，比大多数人更敏感。自记事起，他就拥有这份直觉以及对他人的天生好奇。他天生就具有同情心，一直都想更多地了解自己遇到的人，也很善于领会他人的想法。皮特也知道自己很善于倾听他人，包括听他们说什么，以及不说什么——至少从口头上。他天生就会用第三只耳朵倾听，分析言外之意。他总是很关注对方的面部表情、身体语言、语调以及情感表达。

或许皮特能进行内心对话的原因在于他能设身处地为他人着想（并不一定认同他们的观点）。这就是他更好地理解他人对待自己的方式；他知道该怎样利用自身资源；他很清楚自身感受，为什么会有某些感受——以及他对别人产生的影响，也很擅长理解别人对他的看法。这些技能使得他很容易与他人建立信任与合作关系，这也是有效培训关系的必要条件。但是，通过利用自身资源，他也知道该怎样给对方措手不及，他和他们交流想法时经常会让对方大吃一惊。

皮特意识到培训能帮助他与他人建立更深层次的联系。培训的成长历程促进了他的内心改变与成长。他对自己有了更好认识，也更善于与他人沟通了。他与很多人建立了联系，那些人人人都有独特的个性，以及需要解决的自身问题。这也促进了他的不断学习与成长。最重要的是，这次培训之旅让他感觉很好。

皮特成为教练后的一大重要认识就是每天都处于自我评价和反思状态。他坚信所有教练——的确，包括助人行业的所有人——都能从这一反思过程中受益。毕竟，人的一生时日有限。假如不反思我们又怎能知道每天过得是否有意义呢?

皮特知道大家觉得他很关爱他人，或许这是因为他能向他人传达希望与可能——肯定对方的能力，并让对方知道。他很善于发现他人的优势，鼓励他们发挥最大潜能。他的业绩记录表明他很善于帮助他所遇到的人，看到他人实现目标是他最大的满足。

既然他具备这么多能力，那么好多人都视他为教练就不足为怪了。甚至在他还没考虑从事这一职业时，人们就总是来找他寻求建议。不过，皮特很清楚他人来寻求建议并不是教练工作的全部，他需要学会该如何帮助人们践行他给出的建议，还需要学习更多的行业技巧。

皮特意识到培训的价值与贡献需要通过促进来实现，而非控制。教练不能太过直接。培训的捷径在于提出一些开放性问题，逼对方走出舒适区，面对挑战，探究多种选择，并促进他们发现新选择与可能性。

皮特知道大多数人身处困境时往往都很清楚（至少潜意识里知道）自己该怎样做。然而，身为教练，他所面临的挑战在于让这些人自己想出解决办法。经验告诉他，如果客户能自己想出最佳解决办法，效果会更好。如果他直接给出答案，他们就不大可能承认它，也不能全身心地投入其中。

向皮特寻求建议的人往往会表现得很无助。皮特会告诉他们有很多选择，让他们明白自己并非不能掌控人生。很多人都认识不到自身选择之间的因果关系，以及这些选择会引起的变化。他们不但认识不到自己可以影响人生历程，反倒会觉得自己是环境的受害者。这种认知错位表明他们是在浑噩度日。

当然，认为毫无进展的人必定会到达目的地完全是陈词滥调。此处的难题在于帮助他们保持不同心态。帮助客户发挥最大潜能，发现对他们而言最重要的事情，并实现最渴望达到的效果当属最有意义的工作。

皮特认识到相互依赖与互惠是培训过程的核心。经验告诉他，如果别人为他做了什么，他就非常有必要报答对方。人需要相互回报。而自相矛盾的是，我们在帮助他人时如果不图任何回报，反倒能得到回报。即使这种报答不能马上实现，或者面对的不是同一个人，也终将会发生。当然，互惠的负面性——即“以牙还牙，以眼还眼”——同样是真的。

“我们在帮助他人时如果不图任何回报，反倒能得到回报。”

这在很大程度上只是时间问题。为客户提供更细致的服务能让他们更为感激、忠诚。也正是在这个时候，客户更容易接受审视看似无法解决困境的不同方式。皮特知道培训只有建立在信任、相互支持与共同价值观基础上效果才最好。但是，除了掌握好时机以外，还需要其他条件，教练需要创造安全空间，以开展培训过程。

认识到所有这些问题是一回事，真正实践它们又是一回事。皮特知道自己没有十足的把握。与别人相比，他做得究竟怎么样呢？他真的具备全部必要条件吗？他经常觉得其他人在选择重大题材并确定客户人生中的主要驱动力时非常迅速。有时候，由于他发现不了本应及时发现的问题，因此感觉自己就是个十足的笨蛋。这些经历总是让他想要做到更好。

皮特总能惊讶地发现一些教练非常擅长凸显人生中的重大题材，迅速激发出他人内心隐藏的技能与才能，也能帮助他们解决之前认为无法解决的问题。他还很佩服高效领导力教练的工作能力，以及他们借助信任与公开对话所建立的培训文化。

他知道这样说听起来有些像陈词滥调，但是他一直都希望能对他人产生影响。寻找人生的意义是他的重要生活动力，而培训恰恰提供了这样的机会。他发现培训能对他人的生活产生重大影响，也知道通过帮助他人改善生活质量并实现目标，他的自我感觉也更好了。

如今，考虑到自己下一步将独自开展团队培训，他知道自己的担心是有实际原因的。身为教练，需要在每次新的心理干预中赢取信誉。活动与成就完全不同，决不能混淆二者。皮特需要迅速赢得客户的尊重，也承受着巨大压力，需要创造立竿见影的效果，而这种期待往往不切实际。在长远环境中考虑短期利益很可能会引发令人担忧的负面效应。

行为状态

皮特回顾了自己第一次参与团队培训时的感受。培训开始之前，他和团队其他成员都万分紧张，心里嘀咕会是个怎样的过程，他们为什么必须参加培训，又能从中获取怎样的好处。

他除了担心培训过程之外，也很紧张，不知道大家会怎样评价他。他们会给出怎样的反馈意见呢？他认识的大多数人都有过类似经历，他们对培训课的看法很积极；有些人说，这是他们参加过的最棒的一次学习体验了，有助于反思自身的领导力风格。课后，他也有同样的感受。事后回头看，皮特认识到第一次团队心理干预正是他做出大量重大人生改变的动力，包括他本人也成为了教练。

成为教练需要漫长的学习过程。一开始，他先申请了欧洲工商管理学院的行政学硕士学位，研究方向是培训与改变咨询，尽管该项目要比大多数其他项目耗时长。这一硕士项目对他产生了很大启发，主要包含两个层面的学习经历。一是认知学习，更多的是关于心理学理论、职业生涯动因、领导力、家族企业以及组织行为；二是探究自己的内心世界——通过集中的个人心理治疗干预。学习期间，他对自身优势、缺点、人格以及动机有了更多了解。他从中获得了顿悟，发现原来自己早就想成为领导力教练。

为了做好准备去迎接这场新旅程，皮特开始定期去看心理治疗师，同时还报名参加了临床心理学课程，来提高自身技能。为了更多地了解团体行为，他还参加了几次团体动态事件。最后，他决定采取行动，离开了原来担任人才管理负责人的那家公司，开始做培训工作。

这个选择非常明智。由于具备良好的人际关系网，皮特的培训课很快就被预定满员了。但是，他意识到自己希望做更多工作，产生更大影响。要想真正对客户以及他们的组织产生影响，他需要熟悉团队培训——这一心理干预过程既让人提心吊胆又激动万分。虽然他通过开展多样化的讲习班已经非常熟悉团队动力学了，但是下一步是要更好地理解团队培训。他在欧洲工商管理学院全球领导力中心开展了

“影子”培训——在经验丰富的团队教练指导下参加大量的团队培训活动——这是全球领导力中心对团队教练提出的要求。

为影子培训做准备的过程非常有趣，但是期间他也清楚地认识到这个过程相对于一对一的培训而言要复杂得多。他能否达到指导他的团队教练的期望呢？他能否搞清楚团队动力学呢？这有点类似拉紧的绳索：他需要对主教练表示一定的尊重，同时又不能成为“局外人”。他需要进行深入观察，从而推动整个过程的进展——但是究竟怎么才能称之为深入呢？皮特总是觉得被他人评论很不爽。

他已经做好了功课，并以此自我宽慰。他熟记了五位参与人的简历，也熟读了公司价值观、文化、结构、策略以及领导力。他还认真研究了每位参与人的 360 度反馈工具——全球行政领导力问卷显示的结果，尤其关注匿名评分员给予的书面评价。最后，他还仔细考虑了个性评估 PA 结果，PA 属于另外一种 360 度多方位反馈工具，其中会列出评分人的姓名。皮特注意到近亲给予的评价有时候非常中肯。

等所有参与人都到场后，教练首先做了自我介绍，然后向大家解释了为什么要请影子教练。她请皮特做个简单的自我介绍。皮特表现得很幽默诙谐，尽管他有些紧张。接着，那位女教练谈到了培训过程中保密的重要性，称希波克拉底誓言“并没有坏处”。她还指出时间管理也相当重要——为了确保公平，所有人应该享有同样的时间。

教练首先发了言。她要求大家做一项练习，其中每位参与人都需要画出自画像，可以围绕以下题材，比如头、心脏、胃、工作、休闲活动、未来以及过去等。只允许他们使用符号，不能用文字。一开始，参与人似乎对这项练习有些看法——一些人明显觉得它太小儿科了——不过，一方面教练给予了鼓励，另一方面他们也知道时间在一分一秒流逝（他们只有 20 分钟的时间来完成这项任务），于是便开始着手画了。自画像上面要求写明参与人的名字，之后被挂在了屋里。

下面该开始团队培训了。领导力教练已经定好了从哪位参与人开始。她告诉皮特，自己选的那位参与人评估结果“中等”，也就是说他的得分不高也不低，太高容易引起别人的嫉妒，太低又会导致本人尴尬或者产生防御心理。幸运的是，她选定的人好像并不介意这些，而是全身心地投入到了训练当中，给其他人树立了好榜样。

开始之前，团队教练让皮特不仅关注被讨论对象，同时关注整个团队的反应。他们的箴言应该是“欢迎疯子”。如果出现反对意见，表明培训进展良好，而且触及了重要问题。她强调应该正视客户的反抗，而不能忽视它，抑或是直接把它推开。只有这样才能帮助客户搞清楚自身价值观与目标，探究怎样才能帮助他们做出改变，怎样又会阻碍这一进程。高效教练会与客户一起探究（非恐吓方式）他们不愿意听到的，并让他们认识到自己不愿意看到的东西，这样他们就能实现自身预期了（至少是下意识的）。但是，教练也提醒皮特千万不能“趁热打铁”，这一点很重要。因为如果趁热打铁，客户很可能还没有准备好去聆听对方的话。在许多情况下，时机的掌握非常重要。往往，就算正在发生一些有趣的事情，你最好能保持沉默。

“欢迎疯子”

影子培训期间，时间过得飞快。参与人一个接一个开始接受众人的抨击，从自画像入手指出自己人生故事中的优点与不足，并听取他们就 GELI 和 PA 分析结果给予的建议。皮特发现教练非常谨慎，总能以积极有时还很诙谐的方式表达消极看法——而且为了抹去一条消极评价带来的影响，她会用好多条积极评价来弥补。

时光飞逝，参与人开始习惯了彼此。屋里的氛围也不再紧张，甚至有些活泼了。皮特发现自己也融入了他们。他偶尔会问参与人一些难题，想以此激发对方提出深刻见解。培训期间，大量丑闻被暴露；人际冲突得到了建设性讨论；大家就公司应该怎样改善工作方式也提出了一些意见。甚至还对公司的价值观做了适度讨论；此外，结构主体，比如组织设计，也得到了更新；还公开提出了几大战略问题。

等到教练做总结时，大家对他们各自需要重视的问题得到了更清晰认识。如今，他们都已经分别制订了领导力行动计划，其他人也在上面签了字。这次培训使得团队成员对彼此有了更深入的认识，尽管他们当中有些人之前一起工作了多年。茶歇期间，有人告诉皮特，这是团队成员第一次真正鼓起勇气进行交谈。他们似乎不像以前那样高度警惕，彼此之间能够更加开诚布公地沟通了。培训也促进了团队内部长期存在的一些问题得以解决，这些问题总是反复出现，非常恼人。比如，有些主题涉及该如何针对具体部门制定新的 IT 体系，如何更好地组建新兼并的公司，更好地组织会议，以更加建设性的方式对待不同的人，以及应对高管。好多参与人早就认识到了这些问题，但是从来没有针对其采取任何措施。这次，他们希望情况有所不同——不再出现一时的新年决心。

教练为了帮助参与人内化自身的美好意愿，专门安排了很多场电话会议，方便他们相互讨论进展。她还安排了跟进培训课，对参与人的行动计划进行重新审视。此外，每位参与人都从其他组员当中选择了一位“同侪教练”，负责监督他们。

培训过后，教练回顾了皮特在期间做出的贡献。她对他的认真观察提出了表扬，也向他说明了自己某些时候为什么那么做。她对皮特对待自身影子教练角色的方式感到非常满意；他的做法促成了整个团队的成功体验；她还认为皮特会擅长这类工作。她鼓励他继续相信直觉，并专门肯定了他承受含糊、矛盾的能力，以及从不急着结束的态度。最后，她说了句，“你如愿以偿了”。

随后，皮特发现教练并没有提及其中一大重要成就，即 9 小时的培训过后，几个有缘的陌生人走在了一起，彼此建立了信任，并打算在将来发展更密切的工作关系。他觉得团队培训（尤其是在企业项目方面）是提高组织策略灵敏度的好办法。它有利于打造网络化组织，同时能有效减少病态思维，这种思维很可能出现在现实生活中的不同团队中。团队培训心理干预在打造无边界组织方面具有里程碑意义——无边界组织摆脱了许多综合组织中盛行的孤岛心理。从他的亲身体验来看，他认为这种心理干预可以为真正的信息交流打好基础。他再次认识到，单单建立数据库不足以打造更为敏锐、注重学习的组织。除非数据得到共享——即由互相信任的人来共享——否则仍然毫无用处。

那么，这一切的背后有什么原因呢？培训课的效率为什么这么高呢？皮特坐出租车去机场的路上，仍然在纳闷交流彼此的生活与工作变迁究竟为什么会在短时期内激发大家做出改变。

吸取经验教训

我在欧洲工商管理学院的全球领导力中心首次提出了团队培训心理干预方式。所有人都对这种方式取得的成效感到吃惊。最后的结果要比我们之前想象得更为惊人。与该中心（以及对团队培训干预过程感兴趣的其他机构）有联系的领导力教练看到这种方式产生的影响后非常开心，这已经远远超越了个人行动计划的制订，尤其是企业项目的设计。

第六章　为什么要培训？

最初，我非常担心，如果要求大家亲密谈论私生活，可能会产生负面影响；肯定有人会担心自我暴露，或者实现不了相互沟通，而且还很可能会引发各种病态反应。但是，事实证明，我的担心完全多余。欧洲工商管理学院（包括其他机构）的团队培训飞速发展——迄今为止，已经有上万名行政人员（来自世界各地）有过这样的体验——回顾这种干预方式的漫长历史，期间遇到的问题实在微不足道。

最能给教练带来满足感的便是参与人的反应。往往，这些参与人认为领导力团队培训干预是他们在参与整个行政项目期间最棒的体验。更有甚者，他们抱怨干预时间太短。如果评分与书面反馈意见可信的话，可以说团队培训对几乎所有参与人而言都属美妙的学习体验。在许多情况下，经理人事后会联系教练，表达感谢，称培训极大地促进了他们制定重大的职业与人生决策。

一天的培训结束时，几位教练会聚在一起讨论当天的情况。他们往往会对大家透露出来的自身真相感到非常惊讶；他们也提到能帮助这些人不断进步自己感觉很荣幸。然而，我很少听到他们谈起这一培训过程为什么这么有效，也很少听到有人提及他们对其内在动因的看法。

由于我对培训结果非常满意，因此好多年都没再继续研究此事。为什么要质疑成功呢？既然客户这么满意，那又何必多事呢？我们事实上并不清楚自己当时做了些什么，就好像碰巧发现了这样一种干预技巧，而事实证明这种方法非常有助于促进经理人实现人生转折。但是，过了一段时间，我开始感觉有些不妥，满足感也渐渐丧失。这一培训过程究竟为什么这么可行需要进一步探究。难道是干预手段的设计因素起了作用吗？

意义构建

等我开始大范围推广这种团队培训干预方式时，会告诉其他的领导力教练，我并不相信培训有什么捷径可循。虽然标准做法有其优势可言，但是我强烈认为所有教练都应该采用最适合他们个性的团队培训方式；他们应该做最能得心应手的事情。我曾经提过一条建议（尤其是针对短期干预），即借助一到两份多方位反馈问卷来推进培训进程。第一份问卷是全球行政领导力问卷 GELI，是由我在欧洲工商管理学院制定的，涉及大多数组织列举的具体领导能力的方方面面。另外一份是个性评估，结合了同事给予的反馈意见与配偶、兄弟姐妹、子女和亲朋好友给予的反馈。这些反馈意见会产生重大情感影响，并引发改变。我还建议采取破冰练习，比如画自画像，这些练习有助于为“娱乐”提供安全空间。我一直都对温尼科特应用涂鸦游戏的方式很感兴趣。他设计了一种纸笔技术，用来与儿童沟通，启发他们的思维与情感。自画像是该游戏的逻辑延续。不过，除了这些建议，教练还需要努力让学习体验非常愉悦。

柏拉图洞穴：临床范式

我还强烈建议大家将临床范式适当应用于团队培训。我在前言（第 10—12 页）中提到过，临床范式是审视人类现象的特定方式；从喻义上来说，它好比镜头，可以透过它探究人们的内心世界。具体来讲，我们的许多想法、情感以及记忆在现实与幻觉的迷离境地飘忽不定；它们可能会受到意识的阻碍，导致我们无法及时发现。问题在于，该如何将人类机能的这些方面表现出来。我发现临床范式非常有效，可以超越显而易见的东西，让它们可视。它能够帮助我们更好地认识个性机能的不合理方面，有时甚至是黑暗面。

“我们的许多想法、情感以及记忆在现实与幻觉的迷离境地飘忽不定。”

在将临床范式作为概念框架促进认识与改变时，人们会发现与现实、理智世界并存的另外一个世界——这个世界或许并不属于意识范围。透过临床视角看问题有助于我们发现幻觉、梦想世界，所有这些都是打造另外一个世界的力量。应用这一镜头后，我们能对个人内心、人际、团队以及组织现象产生更加深入、细致的认识。

早在20世纪以前，柏拉图就在洞穴中的囚徒那则寓言中提及了现实与幻想之间的迷离境地。他在故事中（见《理想国》）提出了哲学史上最著名的一个形象来解释该如何区分现实与幻觉。

柏拉图把大部分人都比作了囚徒，他们被枷锁固定在洞穴里，连头都不能转。他们对洞穴以外的世界完全一无所知，只能看到面前的空白墙壁。身后是燃烧的篝火，演木偶戏的人在火苗与囚徒之间来回走动，手里举着木偶，影子投射在洞穴的墙上。由于囚徒除此之外一无所知，也看不到身后木偶的动向，因此认为只有影子才有形体。

按照柏拉图的观点，这些影子就是囚徒对现实的全部了解——即一维阴影表象。然而，如果囚徒突然挣脱束缚，能够站起来，转过身，走向篝火，就会意识到木偶和演木偶戏的人是真实存在的，尽管他们在此之前只是影子。等他们一起离开洞穴，踏入全新、精彩的外部世界，就会看到各种色彩、形状。他们会看到真正意义上的光线，一切都会意义非凡。

不幸的是，如果亲眼见过光线的囚徒再次回到洞穴，与其他人分享新知识，就会发现要想解释清楚自己的所见太难了。谁也不会明白或者相信他们说的话。洞穴里的囚徒怎么可能想象得到影子之外的光明世界是个什么样子呢？他们怎能意识到另外一个世界呢？

柏拉图笔下的洞穴里那些戴枷锁的囚徒象征着人类环境。大多数人都对人类行为一无所知。和洞穴里的囚徒一样，我们坦然接受了自己的无知，因为这就是我们的全部所知。不过，有些人不满足于现状，希望去探索黑暗，挣脱枷锁，转过头，走出洞穴。

我们一开始区分现实与幻觉时，很可能会大吃一惊。因此，总是有些人宁愿被枷锁束缚着，依旧无知。但是，大多数人一旦发现外面绚丽多彩的多维世界，都会选择它。

在领导力发展的大背景下，假如我们想帮助人们改变行动或行为，就需要走出柏拉图式的洞穴，迈进光明。在应用临床范式时就需要这样做。它有助于我们审视自身与他人行为，以及二者之间的关系。所有人的内心世界都很丰富，其中影响个性发展的关键人物与经历会占据核心位置。内心之旅引发的思考便是做出改变的跳板。

“所有人的内心世界都很丰富，其中影响个性发展的关键人物与经历会占据核心位置。”

在培训时运用临床范式的过程中，我发现客户会有意或无意赋予自身核心人际角色。作为一种调查手段，这种范式也有助于我识别自我挫败预期以及负面自我评价，还有过时的自我认知。在培训过程中，我需要让客户认识到，12 岁时的有效行为到了 40 岁可能就非常有害。临床镜头也帮助我搞清楚普遍存在的团队动因——即在团队中显露出

来的防御模式。

虽然临床范式对深入理解个人、人际以及团队动因大有帮助，但是我在想有没有其他可以促进改变的手段。是哪些变量使得团队培训干预手段如此成功呢？团队培训引发了怎样的未知因素呢？

“团队培训引发了怎样的未知因素呢？”

为了更好地了解我在几大研究项目上所做的工作（感谢很多同事的帮助），我曾经努力探究过教练的直觉知识——即未知的已知。这些项目的最终成果是一系列关于培训的编辑图书 ——书中谈到许多教练借助团队干预手段反思自身经历。我还写了一本书，名为《刺猬效应》，主要谈论团队干预动因。有关这四个主题的著作让我认识到所有人在团队培训过程中所做的几种周旋。

“我曾经努力探究过教练的直觉知识——即未知的已知”

团队的力量

团队工作就好比在一片冰山中寻找出路 ：大多数隐患都隐藏在表面之下。冰山这个隐喻非常恰当，能让大家想象到影响团队工作的显性与隐性人际动因。单单是一对一的培训就够复杂了，在团队培训中挑战更为显著。教练需要理解并消化大量动态的多维预测，这些预测代表了团队成员在各个发展层面的主体间经历。要想帮助团队取得进展（而不是倒退），教练需要接纳他们的情感与认知碎片，同时营造一种氛围，参与人在其中不用担心他人的评价或拒绝，可以自如探索自身的情感世界与面临的挑战。教练还需要为参与人提供安全的过渡性空间，允许它们谈论之前没机会面对的问题。

如果教练能够给予适当控制，参与人就可以充分自我体验，因为他们原本无法容忍的事情现在得到了宽容。在这样的安全环境下，他们能够真诚接触到真实的自我，也能释放之前被压抑的内心。他们还能认识到自己的人生并非完全由命运、生活经历或者基因遗传决定；也是由自身意志决定的。他们在自己的人生上有发言权。

我从自身体验了解到团队干预中会同时发生两大动态过程。首先是适合于讨论对象的动态过程，他们的人生与事业在接受大家的考察。与此同时，讨论现场还存在一些云问题——我是指整个团队公开讨论的问题，就好像飘浮在云中的问题。这些云问题往往不会被提及。不过，我发现有些比较敏感（高效）的教练会在团队培训期间选择恰当时机提及这些云问题：他们往往会在团队讨论停顿的时候提出来。云问题往往涉及一位或几位参与人未完成的任务，这些问题犹如嫉妒、欲望、敌对、担心被遗弃、羞愧、内疚以及担心被控制等心理很容易蔓延开来。

我渐渐发现在团队培训过程中，也会发生其他一些心理动态过程，无论是有意的还是无意的——正是这些过程成为了改变的转折点。举个例子，假如能够创造相对安全、活泼的空间，就可以促成好几件事情。

1. 团队干预为大家提供了自我宣泄的机会。一些团队成员在进行自我宣泄时，把团队其他成员当成了听众；团队干预至少可以象征性地成为消除情绪的机会。一些参与人能够帮助他人认识到内心压抑已久的情感与恐惧。把烦心事说出来，而不是固执地藏在心里，是一种非常有效的情感体验。然而，团队教练与其他成员需要适当控制这些情感，才能让精神宣泄产生重大效果。

不过，需要提醒的是，宣泄本身并不能产生任何有利影响，有时候甚至会适得其反，尤其是在错误的时间或地点进行宣泄。然而，在恰当情况下，宣泄能够让客户重新体验并改变困扰已久或重复性人生体验，深刻认识到为什么有些心理创伤会这么棘手。通过心理疗法研究，我们认识到简单的聆听非常重要，有助于帮助客户不断前进。

2. 参与人在聆听他人的人生经历时，很可能会认识到并非只有自己处于困惑中，其他人也在努力应对类似问题。认识到这一点后，他们就会深感欣慰。“加入人类大家庭”效应有很大好处。认识到彼此都存在同样问题后，大家就有机会共同探讨处理问题的各种不同办法了。

“‘加入人类大家庭’效应有很大好处。”

---

3. 采取临床范式可以促进关联，了解参与人为什么采取某些方式做事。那种方式是唯一的吗？曾经极为恰当的行为方式如今仍然有效吗？在团队成员的鼓励下，这类型的反思有助于提高尝试不同做事方法的意愿，为未来开创新希望。参与人会认识到原来可以采取这么多种方式摆脱困境。在许多情况下，这种自我认识与见解会推动人们做出重大改变。
4. 每个人的陈述，并不只是参与人自身的陈述，都为他们提供了替代学习的机会。他们会很快认识到学习不仅仅发生在直接对话当中，也可以通过思考并聆听他人的人生经历间接学习。这种学习涉及保留并模仿他人的有效行为。
5. 人际学习过程也有助于发现并纠正自我认识扭曲。总有一些团队成员能赢得他人的钦佩，因为他们很够很好地应对人生困境。他们会成为大家的楷模，他人的效仿对象。模仿行为——或者说与他人的认同——是人及学习过程的重要部分，也是改变的驱动力。认同涉及与他人或团队建立关联，采纳他们的品质、特征或观点。通过这种方式，我们可以吸收他人的某个方面、品质或特征，并在学习他人榜样的基础上做出全部或部分转变。不过，我们需要明白，认同并不一定发生在意识层面。

6. 参与人会形成真实社区，聚集经历同样情感体验的群体成员。群体成员不论何时遇到新挑战，都会得到其他成员的大力支持。这种社会归属感非常有助于推动改变。

7. 团队环境也是传播不同人体机能信息的机会。领导力教练偶尔进行讲述培训很有效，虽然次数需要有所节制。对团队成员就某些事件进行解释、澄清，甚至直接给出建议有助于减轻他们的忧虑，在出现棘手问题时进行适当控制。

   然而，并非只有教练会提建议，团队成员也可以。再次需要指出，间接经验非常有效。我前面提到过，团队成员会不可避免地在其他成员的自我陈述中联想到自身处境。他们可能会建议采取不同的方式解决问题，或者探索其他方式。在团队环境下，大家可以分享关于心理问题、疾病、健康的工作—生活均衡等方面的信息。他们在给予他人建议的同时，也能自助，引导活动也能让整个团队更有效地运作。

8. 积极的改变力量是一种利他动机，即认为他人需求高于自身需求的想法。具有讽刺意味的是，虽然为了帮助而给予帮助——真心希望为他人好——看似很无私，但是也可能产生一些自私的副作用。不吝付出能给自身带来很多好处。首先，在别人身上体现自身价值感觉很好。更重要的是，帮助他人与健康长寿快乐的生活之间似乎有着一定关联。帮助他人——为他人提供支持、保证、建议以及见解——效果很好，有助于提升自尊与福祉。为他人提供有价值的东西能够鼓舞人心。帮助他人后，内心的快乐有助于心理健康的持久。

利他行为能激发团队成员感谢对方帮助他们更好地应对人生困境。借助人际关系影响力进行学习非常关键，有助于团队与成员更高效地发挥作用。团队成员之间如果能开诚布公相互沟通，就能对彼此产生很大启发。他们非常适合相互指出对方的不良性格特征。主动提出与团队其他成员共同解决这些问题有助于推动改变。借助他人的积极评价提升自尊也是学习过程的重要组成部分。

许多心理动态过程似乎都可以提升团队培训的效率。然而，要想真正取得进展，取决于教练能否谨慎、高效运用临床视角。教练应该很擅长运用自身优势。

很多年前，我参加了一项研究，期间需要去一趟加拿大纽芬兰岛。岛上的动植物非同寻常。近海地带有很多小岛，犹如大海里的一座座城堡似的，岛上有上百万只海鸟，其中有我们常见的海鸦。这种鸟飞翔时速度相当快，但是却不够敏捷，因为它们翅膀太短了；它们在水下行动更自如，也很擅长潜水。每只母海鸦会在海拔几百甚至几千英尺的峭壁上下一颗蛋。成为繁殖地的悬崖峭壁上聚满了海鸦，每对公母海鸦都各自守护着自己的鸦蛋。三周后，鸦蛋便开始孵化。这时，公母海鸦面临着新挑战：喂养喜欢吃新鲜食物，不喜欢被反哺的雏鸟。四周后，悬崖峭壁上开始变得异常拥挤，显然，这些雏鸟待在那里没有未来可言，必须产生新想法了。在水下父母的鼓励下（这些海鸦会选择天快黑的时候下水，这样就不会被捕食），雏鸟会从悬崖跳下去，成为水手。我认为团队培训和海鸦的故事非常相似：领导力团队教练和公母海鸦一样，需要帮助客户从悬崖跳下去，产生新认识，从而创造更美好的生活。

第七章

创造玩乐安全区

因为长大了，所以我们不玩了；因为不玩了，所以我们长大了。

——乔治·伯纳德·肖

假如没有幻想，就不会有任何创造性作品。想象的功劳大得无法估量。

——卡尔·荣格

文字或想法并非源于科学或逻辑思维，而是源于创造性语言，也即无数种语言——因为这一“孕育”过程在不断重复着。

——约翰·赫伊津哈

只用功，不玩耍，聪明孩子也变傻。

——谚语

法国西南部与西班牙东北部散落着 200 多个洞穴，里面保留着全世界一部分最古老最精美的史前艺术品。其中一个洞穴名为三兄弟洞穴，里面藏有一些惊人的绘画作品，包括著名的“巫师”，长着猫头鹰眼睛的男子，男巫的胡须，马尾巴，熊爪般的双手，鹿角头饰，以及驯鹿皮等。这些山洞里的画作是人们了解古老世界的窗口；它们不仅向我们展示了如今已经灭绝的野兽，而且也揭示了艺术家的才华横溢。

这些画作是真正的奇迹之作，情感丰富、生动流畅。与现代观众的预期不同的是，它们表达了与象征着玩乐行为的审美观。但是，是什么吸引祖先去创作这些画作呢？难道仅仅是为了好玩吗？还是说另有意图？这些古老的雕刻与绘画作品是一丝不苟艺术家的成熟作品呢？还是只是旧石器时代青少年的有趣涂鸦呢？

从认识论角度来看，对现代人发展史从长计议，玩乐的意义何在呢？它只是一种无聊行为吗？还是我们进化发展必不可少的一部分呢？玩乐在文化传播方面起着重要作用吗？

玩耍与人类发展

这些洞穴画作表明，自开天辟地以来就有了玩耍一说。玩耍甚至要先于文化出现：动物和儿童的天性就是玩耍。玩耍属于人类的基因组成部分。我们可以进一步认为人类的创造冲动便是源自玩耍冲动。不过，不管玩耍的基础在于其生物性还是社会性，它都非常重要。玩耍是现代人进化中错综复杂的一部分。我们通过玩耍才进化为人类这一物种，并学会了辨别颜色、形状、味道以及声音——这些都是现实的基本成分。玩耍还为爱情与社会纽带提供了通道。此外，玩耍也是语言、神话、礼仪、行为以及意义的基础。人与环境之间的联系正是在玩耍中展开或浮现的，并帮助个人养成有效的学习策略。玩耍促进了我们创造意义的生理倾向，从而更好地认识周围世界。

相比为了生存需要做的事情而言，现代人的成长与发展历程更多得益于他们的趣味时光。旧石器时代的祖先基本上不懂什么叫计划。他们更多地视条件允许程度依赖于机遇去截获猎物、挖掘植物根茎、采集水果。不像我们一样，史前人类对于“工作”没有任何概念，就连在热带雨林共同搜寻食物都会是非常有趣、开心的活动。解决问题与制定决策都是自发的，需要看机遇。这些行为条件就为直觉、即兴创作、探索以及适应能力奠定了基础。从进化论角度而言，甚至可以说（考虑到现代人“开化”的时期较短）人脑事实上最适合游戏性质的生活方式了。玩耍、艺术表达、创造力以及人类进化发展这几者之间密切相关。

很可能有人会问，祖先是否要比当代社会的人过得更开心。旧石器时代，人的身心能够很好地适应当时的狩猎采集生活方式。人类是否拥有过足够时间去适应农耕、工业化以及数字化等方面的变化呢？这些变化可能导致现代人的生活方式与进化水平不相适应。我们有足够的时间赶上时代的步伐吗？当代的文明病（过度肥胖、心脏病、代谢紊乱、过敏症、抑郁症以及慢性压力）是不是因为随着时间流逝人类的进化断层所引发的呢？

对于祖先而言，玩乐能力是生存不可或缺的因素，如今仍是如此。假如生活中只有工作，没有玩乐，麻烦就大了。不玩乐会引发压力症候或者心理健康问题。要是我们能够重回旧石器时代的自发性规则，我们会过得更开心、高效吗？

伴随文明产生了许多弊端，其中包括人类的进化水平相对于玩乐能力引发的负面效应。或许，如今的工作狂默认模式对人类的创造力发展产生了不利影响。人类要想继续发展，究竟在多大程度上需要保持娱乐性呢？我们在压抑天生的娱乐细胞时是不是也相当于遏制了自我发展潜力呢？

儿童的玩耍

最近，我曾经认真观察过孙子孙女在阁楼玩耍的情景。首先（和洞穴艺术祖先一样），他们会画一连串形象创意画。当空纸箱吸引他们的注意时，他们就会更换玩耍对象。很快，纸箱就变成了洞穴、飞机或者木偶戏表演舞台。我对眼前这一幕戏法感到非常惊讶，但是不得不承认我也有些嫉妒他们创造虚构世界的能力。他们似乎具备不可思议的能力，能够在虚幻与现实的边缘自如穿梭——毫不犹豫地踏入这一过渡空间。我也非常羡慕他们玩耍时溢于言表的陶醉与兴奋。

长大后，这份玩耍的天赋去哪儿了呢？仅仅是消失了吗？或者说枯竭了吗？孙子孙女的欢乐引发了我对成年代价的反思——世界的可能性缩小了。与此同时，我也在想如今的新玩具，比如苹果手机、平板电脑、任天堂游戏以及网络游戏会怎样影响他们的幻想生活。这类带有预编游戏魔力的小型电子产品会破坏掉他们的想象力吗？

我一边看着孩子们，一边想自己还能不能加入到他们的游戏当中。我还能为了玩耍而玩耍吗？还是说我会感觉有必要引导他们转向目标明确的任务当中去呢？我是不是过于以目标为导向了呢？他们缺乏真正的任务导向会困扰到我吗？还是说我参与到他们的游戏当中后会要求他们马上停止，并破坏掉他们神奇的想象世界呢？我记得《纽约客》杂志上有一篇连环漫画，其中一名男子对着坐在食物托盘旁边的猫说，“绝不能想盘子外面的世界”。我像不像漫画中的那名男子呢？我会不会也这样告诉孩子们，“不要这样做，不要那样做，你们现在做错了”

呢？说句实话，我内心经常会出现这样的想法。

游戏规则看似很简单，但实际上却相当复杂。身为成人，我们往往想推翻这些规则，因为随着年龄的增长我们渐渐忘却了它们。相比创造性自由，我们对结构更感兴趣；我们忘却了自发的重要性——如何去接受意料之外的事情。或许我们再也想不起来人生中一些最美好的时刻恰恰是那些意料之外的。这就是成人的矛盾心理：我们渴望去激发自身爱玩的一面，但是却不知道该怎样去引导它。

“我们渴望去激发自身爱玩的一面，但是却不知道该怎样去引导它。”

我担心内心爱玩的冲动因为各种文化教育已经消失得无影无踪——尽管我知道孩子们玩耍需要自由与时间，却还是强烈希望告诉他们该干什么，这就证实了这一点。我一直在告诉自己，玩乐并不属于奢侈品，而是必需品。虽然我意识到了童年到成人的过渡需要付出代价，但是仍然非常怀念过去过家家、充满神秘以及魔力的世界。不过，我也很清楚这一世界的痕迹仍然存在于我内心。旧石器时代的祖先赋予了我一部分遗传基因——我内心的童真也一样。我感谢孙子孙女让我回想起了已经遗忘掉的奇妙世界，而那曾经是我内心的重要部分。但是，经过反思，我也被迫认识到，身为成年人，我非常渴望控制孙子孙女的自由活动，并因此破坏掉了奇妙世界，为此我深感内疚。

身为心理分析家、教育家，我知道儿童是从玩耍中学知识的，玩耍是有目的的。可以把玩耍当作人类发展的捷径。和旧石器时代的祖先一样，儿童的玩耍替代了他们无法用言语表达的东西；符号替代了谚语。玩耍有助于儿童的身心与社会成长。在玩耍的过程中，他们的情感、认知以及动机过程会一一展开。玩耍点燃了创造力与自发性。

现代神经科学的发现表明，玩耍也有助于提升心理灵活性，包括适应性实践过程，如发现实现预期结果的多种方式，改善或重组现状的创造性方式，或者不同的决策方式。玩耍有助于促进语言表达和发散思维，对于儿童运动技能的发展而言非常关键。它能帮助儿童缩小现实经历与抽象思维之间的差距。玩耍还提供了表达消极情绪、控制冲动行为的机会，以及尝试新角色、探究复杂人际关系的机会。它有助于帮助发育阶段的儿童理解同情心。玩耍的互相让步是学习合作精神、积极性以及社会和领导力技能的前提。通过玩耍，儿童学会了如何协作，遵守双方约定的规则，以及如何社交。同情心、信赖以及保持亲密关系的能力也是在日常玩耍中涌现的。玩耍还能制造人际关系奇迹——很难一直生玩伴的气。一些玩耍形式是晚年生活的预演或尝试，比如“打斗游戏”，想象中的社交场合（比如和布娃娃举行茶话会，或者扮演医生和护士等），或者甚至包括调情。通过玩耍，我们学会了如何将情感困境转化为可控状况。玩耍激发了儿童的想象力，勾起了他们的好奇心，从而促进了他们的发现能力、创造力以及创新能力。

“玩耍还能制造人际关系奇迹”

玩耍有助于缓解压力。我们在卖力玩耍时，身体里会产生内啡肽混合物，让我们打起精神，更好地应对痛苦、恐惧以及忧虑。玩耍还有助于控制悲痛情绪。但是，最重要的是，我们玩耍纯粹是为了取乐。事实上，玩耍对儿童和成人来说都有很多好处，简直数不胜数，这就使得它既微不足道又非常严肃。有些人成年后会借助玩耍与玩笑式的沟通方式继续提升这方面技能；正如老话说得好，“剥开成人的面具，找到内心的孩童”。

单纯的玩耍还是另有目的？

儿童基本上是为了玩耍而玩耍。这种内在活动没有直接的外在目的，抑或是重大成果。儿童玩耍时，主要关注方式，而非目的。不幸的是，随着年龄的增长，玩耍变得越来越不重要，而且被边缘化了。成年后，很难真正做到为玩耍而玩耍。

举个例子，大多数人都很熟悉自己的工作职责，通常会选择耗时最短、最不费力的方式去达成既定目标。工作狂会尽一切可能去实现最佳结果。他们的目标是让别人认为他们表现很棒。和该目标不想管的任何活动都是在浪费精力。工作狂似乎忘记了一点，那就是我们在生活中所从事的很多事情从本质上来讲都属于游戏行为。如果缺少天生的游戏细胞，又何必进行艺术创作、做爱或者寻欢作乐呢？这些活动看似很有意义，但是却不实用。

当然，既然很大一部分“文明”生活都很严肃、充满压力、艰难，而且一点都不好玩，我们也可以问问自己玩耍是否合适。玩耍对于儿童而言或许很自然，但是对于需要应对当今社会变迁的成年人来说，就不太自然了。我们玩的时候，经常会遇到逻辑干扰，告诉我们，我们所做的事情很可能并不能最佳利用时间。在阁楼玩空盒子并不是什么光荣的事，不值得向他人炫耀。成年后，目的性会超越一切。即使看到子女在阁楼玩耍，心声告诉我们该清理那些乱七八糟的东西了，该把空盒子扔掉了。成人很容易纳闷，儿童一方面在认真玩耍，另一方面又不承认自己是在玩。我们可能会担心孩子们无法区分幻觉与现实。不过，当然，他们很清楚二者之间的区别。虚拟思维模式，以及我们将其区分于显示模式的能力，是人类心灵的天赋能力。幸运的是，儿童并不会受到心声的干扰（或者说尚未受到干扰），认为他们不管做什么都不需要理由。他们会遵循不同的逻辑，为了玩而玩，清理阁楼的事甚至连想都没想过。

看着孙子孙女在那儿开心地弄乱阁楼，我意识到自己或许有必要重新学习该怎样玩，或者怎样才能接受事物的原样。或许我需要一改查看邮件、手机的习惯，试着把手机放在身后，关上电脑。我早就应该认识到玩耍的对立面并不是工作——应该是沮丧才对。

“玩乐的对立面并不是工作——应该是沮丧才对”

不过，我现在还能玩起来吗？成人的游戏很少用到纸盒子——但是，我想知道自己还能坐在咖啡馆里，望着窗外的车流人流吗？我还能散散步，看看周围的风景吗？或者说这样是不是挑战太大了？我坐着或散步时，会考虑接下来该做的事情，或者该追求的目标吗？

成长的道路上究竟发生了什么？哪儿出问题了呢？当我回顾个人成长史，以及小时候激励我的因素时，发现自己似乎渐渐偏离了真正给我带来玩乐乐趣的事物。尽管我内心的玩乐冲动很强烈，但是在从儿童转变为成人的某个时期，我不再像以前一样只关注玩乐，而是用工作与责任替代了它。即便现在，就算我有闲暇，也往往会坐在电视或电脑屏幕前走思，而不是像过去一样做一些更具创新、刺激大脑的玩乐。并非只有我是这种情况。难道玩乐在当今这样一个快节奏的任务驱动社会被忽略了吗？

我们都知道，相比任务驱动的孩子而言，一直都喜欢玩乐的孩子往往学习成绩更好，社会满足感也更强。我们知道玩乐与创造力之间存在着密切关联。但是，我们重视这一事实了吗？我们认识到玩乐促进个人持续发展的重要性了吗？如果我们成年后能重新发现玩乐的价值，很可能就会更具创造力。和他人一起玩乐能给我们带来更多欢乐、活力，能让彼此之间的关系，包括工作关系更灵活。我们在日常玩乐中学会了更好地信赖对方，这样就能更好地共事了，也能让我们之间的关系更亲密，并有机会去尝试新事物。

我们并没有意识到自己成年后有多少时间是在玩乐，因为这个阶段目的和娱乐往往会相结合，这就可以解释上述一些问题了。童年时期，玩乐在时空上是分离的；到了成年时期，这种界限不那么明显了，而是融入到了日常活动中。或许我们的主要困难在于认识不到自己什么时候在玩，而不是没有能力去玩乐——因为玩乐并非成年时期注定要丧失的部分。玩乐有多种形式，从讲故事、模仿秀、游戏到极限运动，比如跳伞、高速塞车、山区狩猎等等。有些职业——比如建筑行业、设计以及表演——确实需要创造性。如果我们能有意允许自己像儿时那样快乐放纵自己，就能继续从人生中获益了。

玩乐与思想畅通

不论是童年时期还是成人后，我们只有玩乐时才最能完全感受到自身的存在，也能真正热衷于任何事物。造成这种现象的其中一大原因在于玩乐促进了情感的体现，能让我们全身心地处于当下。通过玩乐，我们就能产生并关注情感了，并可以着手培育并应对身体系统了。而身体系统反过来会产生内啡肽和多巴胺，即我们内心快乐神经的传导物质。这些物质就会引发一些研究人员所谓的“畅通”心境。思想畅通时，人们会达到忘我的境地，忘记时间——这种意识状态与周围环境与人的情感相一致。在这种状态下，人们会高度关注当下，感觉最棒。似乎其他一切事物都不再重要。我们会体验到幸福感，并超脱现实生活——这种心境会带给我们平和与充实。不管日常生活中有怎样的烦恼或挫折，它们此刻都会渐渐消失。与此同时，我们也会坚信自己所做的事情都是可行的——即我们自身有能力完成任务。思想畅通时，人们内心会产生一种动力与认识，知道需要做什么，同时非常渴望保持高昂势头。

玩乐规则

理解“思想畅通”有助于我们认识玩乐的重要性。不过，我们仍然需要思考这样一个问题，即玩乐与其他活动之间有什么区别。它具有哪些重要特征呢?

首先，玩乐是自主选择的活动，但并不是自由活动。虽然玩乐具备一定结构，但是它源自玩家内心的一些规则。重要的是，这些规则是自主选择的。就算打闹玩乐看似杂乱无章，事实上也有章可循。最复杂的玩乐形式要数社会表演玩乐——角色或场景扮演，比如过家家，或者表演婚姻生活，或扮演超级英雄等——这些都受制于规则。演员一边表演一边制定规则，当然规则符合他们对扮演角色的一致认识。

想象力与幻想属于最明显的社会表演玩乐，其中演员会自创人物角色与故事情节。但是，其他形式的人类玩乐中也会涉及一定程度的想象力与幻想。举个例子，打闹并不是真正的打斗，而是装样子。在更具结构性的复杂玩乐中，玩家很可能会称自己在建城堡，但是他们很清楚城堡是假的，并不是真实存在的。显然，玩乐提出了一个难题——没有规则可循，但是同时也存在许多自我强加的规则。

玩乐的内在矛盾性是该领域研究中一部经典著作的主题，著作名为《玩乐者》，作者是当代文化史的创始人之一约翰·赫伊津哈。他这样来定义玩乐：

> 通过总结玩乐的正式特征，可以说它是一种独立于“日常”生活的自由活动，因为它不严肃，但是与此同时玩家会全身心地投入其中。这种活动和物质利益无关，其中完全无利可图。它会按照一定的规则以一定的有序方式在自身的时空界限内展开。它有助于形成社会团体，这些团体往往很神秘，而且会通过伪装或其他形式凸显自己与普通人的区别。
>
> 基于赫伊津哈的著作，我想出了辨识玩乐某些内在特征的简便方法——四个 M，分别代表自我时间，装扮，能力以及意义。

1. 对自我时间的需求

自我时间属于玩乐的基本要素之一，首先代表自由。比如，假如我们有很大自由，可以安排什么时候以及怎样做工作，那么即便（事实上，尤其是）待完成工作很繁重，我们也会从中体会到乐趣。自我时间意味着享有自主权，即自由选择权。从形式上来看，它表明我们对因果观有自己的认识——也就是说，我们能去做自己想做的事，而不是其他人希望我们做的事。我们如果需要做他人要求做的事情，就很难在工作中体验到乐趣。

如果能为了玩而玩，我们就会体会到特殊的自在感。玩乐意味着自我管理——能够做出合理决策，并按照自身价值与信仰行事。它还意味着为自身行为负责，很清楚这些行为是我们自身选择的结果。玩乐属于自生自发行为，也暗示主动参与。玩乐属于观赏运动。举个例子，看电视属于放松、休息，但并不是玩乐。玩家不但会选择是否去玩，而且会在玩的过程中管理自身行为。

玩乐之所以会让玩家全神贯注、神魂颠倒，正是因为它遵循人们发明或可以接受的规则。玩乐的终极自由以及其定义的重要方面，便是自由退出的权利。少了这一条，玩乐规则将令人无法忍受。

2. 装扮需求

莎士比亚曾经写过这样一句名言："世界是个大舞台，所有红尘男女均只是演员罢了；上场下场各有其时；每个人一生中都扮演着许多角色。"玩乐的明显悖论在于它既严肃又不严肃，既真实又不真实。它以装扮为核心，装扮虚幻是真实存在的。装扮玩乐是认知发展社会体验的交叉点。它会带给人们一种双重意识，其中包含现实与装扮玩乐需要的现实表征。举个例子，如果不存在大象，我们就没法去骑。但是，在做玩乐时，假如玩乐规则指定沙发的一条扶手是大象，那么我们就可以尽情骑大象了。在现实生活中，地毯只不过是盖在地板上的一块材料，但是在玩乐中它可以是一条飞毯。虚构情景决定着玩乐规则；玩乐所处的现实物质世界则处于其次。由于玩乐发生在幻想中，因此会遵循玩家内心的规则，而不是外在规则。

装扮游戏是非常棒的成长机会。儿童在期间可以战胜恐惧；可以用魔法剑击败恶龙；可以消灭床底下的怪物；可以成为宇宙的主人。儿童在玩乐中能够控制世界，而不是无奈地接受其变幻无常。装扮玩乐会产生巨大的认知和情感影响，让儿童能够体验社会角色与人际沟通。他们可以站在他人的角度考虑问题，可以扮演外科大夫、飞行员、消防员或者赛车手。玩乐过程中的想象力飞跃有助于促进儿童的思维发展，因为它们可以鼓励儿童自己解决问题。

"儿童在玩乐中能够控制世界，而不是无奈地接受其变幻无常。"

白日梦

装扮与白日梦二者密切相关。先人传承下来的丰富神话、传说以及童话故事表明，人类造就了大量各色各样的男女英雄。然而，各种梦境的背后存在着共性。老百姓耳熟能详的两则白日梦故事围绕“凯旋的英雄”和“受苦的殉难者”展开。这些故事很平凡，它们会打动并激励我们。和其他许多白日梦一样，它们会提供很大的玩乐创作空间。这两大主题——从童年时开始，一直持续到成年——反映了我们非常渴望能力技能，逃离日常生活的痛苦与挫折。我们希望相信，而且会假装。装扮渴望伴随我们一生一世。和童年时期一样，白日梦让我们得以有机会扮演各种角色，尝试各种生活方式与职业，从而制订未来计划与愿望。它们在创造性过程中起着重要作用。

“装扮渴望伴随我们一生一世”

---

3. 能力需求

人格心理学家罗伯特·怀特提出了“效能动机”这一概念，并将它定义为人们探究并影响外部环境的倾向。他指出，人类的“能力强化刺激”是一种效能感，一种与周围环境有效沟通的能力，这种渴望明显存在于儿童玩乐中。儿童会被吸引到自己有能力从事的领域，并可以避免无法成功或者缺少成就感的领域。正如所料，在能力方面所做的成功与失败尝试会强化人们踏入的领域。互动玩乐可以提供尝试机会，也有助于增强对环境的掌控感。同样，这种玩乐动机存在于个人内心，而不依赖于任何外部压力。目标是玩乐的内在组成部分，而不是参与玩乐行为的唯一原因。因此，玩乐的主要目的是创造对象，而不是拥有对象。举个例子，我的孩子们在沙滩上玩耍时会垒城堡。

如果我跟他们说“我来给你们建城堡”的话他们会很不开心，因为这样会扫他们的兴。他们真正感兴趣的是过程，而不是结果。堆沙堡的能力才是最重要的，重要的是效能。

4. 意义需求

我们经常会问自己一些根本问题，即“我是谁？”，“我从哪里来？”，“我的人生目标是什么？”等。这些问题可以改为“我现在的生活有意义吗？”这是对一般哲学问题的个性化解释，即“人生、宇宙以及万物的意义何在？”这些问题之间相互关联，因为它们背后都存在死亡的阴霾。

人生的全部意义都是自我界定的。正如所预期的那样，人生的意义因人而异：不是这个，也不是那个——而是取决于你是谁。人生中的事情与境况本身并没有任何意义；是我们赋予了它们意义，并取决于我们自身看问题的角度、现实以及信仰体系。对于我而言意义深刻的东西对于其他人而言可能毫无意义，或者在不同时期意味不同，这取决于他们的个人经历、动机、信仰以及看问题的角度。

意义意味着通过与周围环境以及他人相互沟通来体验世界——通过自我表达赋予世界某个东西。当生活经历与期望经历不匹配时，当毫无意义的日常生活与内心追求意义、自我实现、实现所有抱负的愿望之间出现差错时，我们就会感到沮丧。玩乐在寻找意义的过程中起着重要作用，它对于我们探究身份的多面性以及可能承担的各种角色而言非常关键。从这个角度来看，意义可以创造，也可以发现。不过，我们在判断某物是否有意义时往往带有很大的主观性。

过渡阶段

意义起源于母亲（或者其他照料人）与婴儿之间的沟通所形成的

早期发展轨迹。可以观察母亲与子女是如何创建玩乐区域的——这个平台也有助于不断成长的婴儿学会应对人生的变幻无常。如果母亲“很称职”，那么她不但会迎合婴儿的需求与愿望，而且也会不可避免地制造挫折。这种相互作用便是创造意义的过程，有助于促进婴儿的心理发展。它能制造连续感，帮助婴儿打造有别于母亲的自我身份。

温尼科特用“过渡”这个词来指代吮吸拇指与泰迪熊之间的“中间区域”，或者说“第三区域”。举个例子，“原始”玩乐的第一表现便是儿童制作过渡物体的能力——即赋予母亲/照料人和自身某些方面的物品。这些物品是“我”，同时“不是我”，属于过渡性事物，因为它们促进了婴儿（对于他们而言外界事物尚未分离出来）从无所不能过渡到关联“主观认识”事物的能力。为了解释清楚创造意义的过程——我们非常熟悉如下情景，儿童拿着毯子、泰迪熊或者他们非常珍爱的填充玩具四处走动。这些过渡性物体充满了意义，可以帮助儿童从归属感以及和母亲/照料人为一体过渡到分离与个性阶段。随着时间的流逝，儿童会不断成长发展，这些过渡性物体也就渐渐丧失了意义，并被他们抛弃。

过渡性物体与过渡空间相关。过渡空间指的是幻想与现实重叠的区域，创造力与玩乐就是源自这里，它为我们的成人文化生活奠定了基础。在创造并维持过渡空间时，儿童与父母都会高度参与到创造意义的玩乐中去。所有人都必须慢慢习惯自己并不是无所不能、无所不知；所有人都存在不足。这些玩乐活动便是创造性解决上述问题的有效方法。

在过渡性空间玩乐就成为了最基本的意义创造活动。它有助于不断发现并构建自我意义，以及其在世界上的位置。这种玩乐涉及心理现实与外在客观世界通过积极“幻觉”走到一起来。它非常严肃，同时也很有趣。儿童通过在这一过渡空间玩乐，能够掌控各种外在现象，让它们服务于他们的想象，同时为这一形象注入意义与情感。通过玩乐，他们可以在现实世界中体验内心的想象。我们可以从艺术家与作家的作品中发现这样的玩乐。它也存在于更广泛的制度规模上，比如宗教与意识形态。

然而，当这一过渡空间的玩乐受到抑制时，很可能会对儿童将来的玩乐能力产生负面影响——这也会进一步影响到他们未来寻求意义的过程。在玩乐方面有困难的人很可能无法在生活中构建意义。如果人们不能全身心投入玩乐，很可能会导致他们难以建构连贯的自身故事，这样的故事可以赋予他们强烈的自我感。高效领导人——如纳尔逊·曼德拉、特蕾莎修女或者昂山素季——都很善于为自身以及他人构建意义。这对于这些人而言往往是一种玩乐，就好像他们的沉着源自这种玩乐性，或者反之。他们会利用自身的玩乐天赋创造比自身更伟大的事物。

“在玩乐方面有困难的人很可能无法在生活中构建意义”

成人的代价

弗里德里希·尼采曾经说过：“大丈夫也有爱玩的一面。”但是，成人的大量行为表明，他们把自我隐藏得很严实。玩乐不再是以前的样子：我们生活在这样一个缺乏宽容、无情、以成就为导向的社会，玩乐被转化成了工作。甚至连儿童都没时间玩耍：从他们踏入托儿所的那一刻起，大家就开始希望他们能学有所成。不管怎样，都希望儿童能实现成人的期望。父母被迫将他们送上追求“不可能实现的使命”的道路上，太多太多的老师也会参与其中，错误地把儿童当作尚未成熟的成人对待。如果他们把成人当作退化后的儿童，那么就可以优化教学，赢得更多尊敬了。

不幸的是，公开参与各种形式玩乐的成人被不太爱玩的同龄人说成是“孩子气”。认为孩子气属于贬义词的人没有认识到不论年龄大小，玩乐都非常重要。它可以保护人们减轻工作高要求带来的压力——举个例子，适时的笑话有助于减轻压力。说清楚人类各种努力的根本荒谬之处——这也是所有喜剧以及笑话的本质所在——能帮助最忠实的工作狂开阔视野，释放心理空间。

然而，表面现象具有欺骗性，因为在我们不断成长的过程中，玩乐倾向仍然是我们的重要组成部分。即便我们长大后玩乐能力可能没那么明显了，它仍然存在着，只不过比较隐蔽。装扮与幻想在成人的许多行为中（如果不是大部分行为）仍然发挥着重要作用。玩乐是一种可贵的学习形式，也是创造性生产的源泉。只工作不玩耍，人们就无法发挥最佳潜力。引用演员兼喜剧作家约翰·克利斯的话，“假如你想要创意工作者，那么就请给他们提供足够的玩乐时间”。如果我们能够超越狭隘的传统工作环境，不再以任务为导向，给大家“玩乐时间”，效果会非常棒。人们不再会那么担心结果，同时会非常享受完成任务的过程。

你在做玩乐吗？

假如有人告诉你，你可以辞掉工作，但是仍然享有同样的薪水与满足感，你会怎么决定呢？假如你欣然应承，说明你的工作很可能几乎涉及不到玩乐。假如你犹豫不决或者毅然拒绝，说明你非常喜欢目前这份工作，不会考虑其额外报酬。你在一边工作一边娱乐。

如今，人们的工作时间越来越长，付出的努力也越来越多了，因为他们认为这样自己就能更有成效。结果，这些人反倒落在别人后面，总是觉得不堪重负，同时还会遭受各种应激障碍。严格来说，成功并非取决于我们的工作时间，而是更多地取决于我们的工作效率。工作效率在很大程度上依赖于人们的心理健康程度。这就是为什么我们在工作时同样有必要娱乐。如果没有娱乐时间，工作就会受到影响。用阿尔伯特·爱因斯坦的话来说，“要想激发创造力，我们就必须学会像孩子一样玩耍，并像孩子一样渴望得到认可”。

从职业发展角度来看，玩乐能力会创造奇迹。我总是发现自己在做项目陷入绝境时，去做点别的事情，比如和朋友一起吃午饭，或者和孙子孙女去沙滩玩，不仅能让我放松自己，而且还有助于激发创造力。改变心态能让我对事物产生新的认识。

“从职业发展角度来看，玩乐能力会创造奇迹。”

因此，成年人怎样才能在控制自己的同时欣然接受玩乐，不需要做自我检查呢？我们怎样才能充分保持玩乐心态，同时不受自我认识（以及随之而来的责任感）的阻碍呢？怎样才能再次让玩乐成为生活的核心呢？要想回答上述问题，需要过渡空间这样的工作环境。

身为教育家，我的主要任务便是帮助客户做到充分玩乐：在这里，他们能相互沟通，体验人生，能够自主培养对可能性与意义的感知，同时又不违反规定。实际上，这意味着需要在其中一间经理人讲习班和项目中采取心理动态手法。但是，即便是在那种环境下，也很难做到这一点。经理人要想玩乐需要在一定程度上鼓足勇气。我在想办法帮助他们重新发现自己内心孩子气的意愿去尝试新事物时，他们却担心在大家面前丢脸，因此很是被动。成年人总是故作姿态。更糟糕的是，许多成人会刻意去压抑内心的玩乐成分，理由是世界充满了烦恼，人生并不是一帆风顺，所有人都毫无成功希望。这种想法或许是对的，但是如果我们总是这么悲观，就什么都做不成。这种心态会毁掉玩乐能力。

组织游戏心理疗法

游戏疗法是针对儿童的一种常见的心理干预手段。用来帮助儿童更好地认识各种困惑或创伤事件，而他们本身没机会或没能力正确认识这类事件。游戏疗法为他们提供了在小范围内“掌控”世界的机会，而这在他们的日常生活环境中是不可能实现的。

面向成人的游戏疗法则完全不同。成人之所以不愿意玩乐，原因在于有些人认为这样的行为很孩子气、不恰当。但是，持这种观点的人没有认识到大量的成人行为，比如艺术创作或做爱，都属于游戏，而且属于发挥最佳的游戏。有一点需要经常强调：成人（不论显性或者隐性）会从游戏探索中受益。教育环境尤其适合游戏干预，这种手段有助于促进学习，改善关系、健康与福祉。它们可以提供安全空间，为成人提供试验机会，开始新的人生体验，重新发现自身创造力，重塑自我。

我在所负责的经理人项目中运用了教育游戏技术，为的就是进一步提高参与人的创意开发。很多人都报名参加了这些项目，因为他们意识到人生中的某些事需要他们花时间去探究。这就进一步推动了这些项目。这些人已经做好准备采取不同的方式做事了。他们不但认识到自己已经走投无路了，而且也想想办法解决这种状况。

CEO 循环研讨会

我每年都会在欧洲工商管理学院举办研习班，名为“领导力挑战：打造反思型领导”。20 位资深经理人（大多数 CEO 都来自世界各地的私营与公立部门）都应邀参与研习。他们参加项目出于多方面原因，其指导主题或许和表面看来无法解决的困境、自身消极情绪、厌烦心理以及受骗感受等有关。他们很可能在经历各种压力症状，抑或是忙于应付当前的人生困境。然而，参与人报名项目时，脑海中往往并不会出现这些问题。

潜在参与人要想成功报名项目，需要填一份复杂的申请表。上面列的信息有助于我对候选人是否适合项目做出初步评估。此外，我还对每位潜在参与人进行了现场（或者电话）面试——不论他们身在何处——想看看他们是否具备参加颇具挑战性的研习班的素质，而“现场”案例分析仍然是解释性材料的主要来源。我在面试过程中注重寻找心理感受迹象，他们的开放以及回应能力，防御程度，自我认识，现实检验能力，以及对更好地了解自身的准备。

研习班包括 3 个模块，每个模块会持续 5 天，期间会有差不多两个月的休息时间。最后一个模块结束后 6 个月，第 4 个长达 4 天的模块会评估参与人是否落实了他们在前三个模块期间做出的人生决策。预期在每个模块中参与人都能更多地了解自身，并就研习之外的时间应该做哪些工作与生活功课达成一致；然后再回到研习班深化自身认识。我和参与人共同负责指导“功课”。相互培训也是项目设计的一部分内容。参与人在每个模块结束后会写读后感，然后交给我，我再针对他们的不同经历提出基本反馈意见；不过，他们也起到了作用，因为谈论自身经历本身就是构建人生的练习。

第一大模块是四个模块中最具结构性的。我在本模块中就高绩效组织、组织文化、领导力（包括典范与异常两种）、职业生涯循环、跨文化管理、组织压力以及个人与组织变化动因做了大量互动小型讲座。然而，项目中的心理活动与组织中心模型是个人案例史。在某些时候，每位参与人都需要主动成为讨论核心，讲述自身的显著人生问题与困境。项目的这部分内容十分重要，因为人们在讲述自身故事时，经历、决策，包括成功与挫折就会变得非常有条理。陈述部分成为了自我发现过程，同时也帮助其他参与人更好地认识自己在社会生活与私生活中遇到的问题。

在第二大模块中，大量时间用于操作我所开发的 360 度反馈工具。所有这些工具都具有组织与个人关注焦点，包括从配偶 / 伴侣或者重要他人那里搜集的反馈信息。此外，还从其他家庭成员以及亲密朋友那里搜集了额外信息。这些信息为第二与第三模块之间的精确行动计划提供了基础。第三个模块主要关注见解的巩固，创造改变转折点，以及试验未来行动计划。

在整个项目中，关键因素在于培养参与人的玩乐感。要想激发这种感觉，项目推动者的重要任务在于打造建立在信任与交互前提下的安全过渡空间。这一空间有助于提供扶持环境，参与人（取决于他们需要克服的异常情况）可以得到限制与反映。参与人需要在这种扶持环境下进行试验、玩乐，并尝试解决自身问题。

等到完成本项目的第三模块，大多数参与人对彼此的了解要胜过他们的许多家人。这个时候，在全体大会上进行相互沟通就会非常顺畅了，几乎不需要我参与。参与人组成的团队在慢慢转变成自我分析群体。最后，项目的第四模块就成了固定的校友会议，可以借助这个机会检查所学内容是否已经内化。

在这种教育组织疗法项目中，关键是为参与人提供“玩乐”的机会。启动“玩乐”的有效方法在于请大家每个人画一幅自画像。这样做可以促进参与人思考自己该怎样以图像形式刻画人生。一开始可能会有些犹豫，但是事实证明这一练习有助于参与人进入完全不同的世界——装扮世界，为了开创所需的安全过渡空间，有必要展示真实性、受控制的同情心以及无条件的积极关注。这一空间的开创可以扶持学习群体，也能鼓励参与其中的经理人敢于尝试新可能性与人生策略。

过渡空间对于自我发展以及个人创造力与文化体验而言非常关键，无论它是否阻碍或者促进创造力。这一空间也可以为参与人提供支持。只有参与人感觉到这种支持已经足够——期间已经赢得信赖——才能有安全感，才有条件进行试验、玩乐；只有到这个时候，他们才能够解决自身问题。尝试不同的方法，并体验满意结果有助于他们在内心世界与外部现实之间建立关联。这些关联可以加强真实感与效率。

参与人会花费大量时间在课堂内外分小组讨论，这就可以促进尝试新起点。这些有趣互动非常有意义，因为它们有助于强化新养成的行为模式。向他人学习非常重要，可以推动改变过程。最终，参与组织团体疗法会议的人会形成氛围良好的学习环境，只要有人倒退到他们一直努力摆脱的行为模式，其他参与人都会向他们提出积极的反馈意见（谁也不会受伤害，也不会对他人进行炮轰）。此处的重大挑战在于将参与团队转化为自我分析群体。

到了研习班后期几个阶段，相比第一模块而言，此时的趣味学习团队成员会表现出很高的情商。在许多情况下，随着年复一年的跟进会议，项目学习会变得越来越统一，这就为评估哪些新行为模式已经内化为做事方法提供了机会。

心理活动

在教经理人玩乐时，一定要确保他们能关注之前没有认识到的感觉、情感以及想法。身为推动者，我需要让他们进一步意识到自身行为。但是，推动是双方的。要想对他们的经历保持足够敏感，我也需要高度警惕自身的反移情反应。在聆听他们的讲述时，我还需要关注他们没提到的内容。在这个过程中，讨论对象，团队的看法以及我对相互作用的感受这三者之间进行着有趣互动。注意力的自由发挥有助于刺激认知流、情感弹性以及身体的警觉性。活动期间，我会努力确保其他人会尊重并认真聆听所有发言人的讲话，而且每个人都有发言机会。我还鼓励大家坦言自己的真实想法，以及认为有必要说出来的内容。这就意味着会产生消极影响，而且也需要特意提出大家闭口不谈的那些存在事实。我会鼓励参与人表达他们对讨论会的感受，这涉及各种情感，包括伤心、愤怒、开心、泄气、讨厌、激动以及嫉妒等。

“在聆听他们的讲述时，我还需要关注他们没提到的内容。”

大家参加类似研习班这类过程主要是为了得到他人的关注与理解，然而与此同时又很害怕他人的批评与自我暴露。如果不将积极或消极看法反馈给他们，我们或许还不知道还有其他什么方法可以给予他人同样的关注。有助于培养高品质关注与意识的自我与他人玩乐，是成人教育游戏班的重要组成部分。

随着项目的进展，参与人会对自身以及团队呈现给他们的内容负责任。在研习班的安全环境下，会涌现出各种无意识以及未得到认可的素材，包括压抑已久的恐惧与渴望，这些素材会引发典型的抵制反应，比如决裂、投射、否认、移位、分离以及沮丧。随着时间的流逝，这些防护措施会丧失一定效力。团队环境会带来亲密感、归属感以及社会愈合，并成为个人情感宣泄的保障。

研讨结束后，参与人会再次回到日常生活中，运用新的见解，从中吸取经验，并找到适合外部环境的相应认识。这就意味着以不同的方式运用自身想法、情感甚至身体，并在日常行为中展现这一不同之处。要想实现变化就必须将其展现出来，需要实践变化，直至它融入参与人的行为习惯中，否则就会像海市蜃楼一样消失。

回归玩的学问

希腊剧作家埃斯库罗斯曾经说过，“聪明人如果能装傻，将会有利可图”。我在本章中已经提到过，玩乐能力是人体功能的重要组成部分。玩乐不仅属于儿童游戏；也是成人的重要部分。少了玩乐，就不会有学习或创造力。玩乐是大脑最喜爱的学习模式。我们需要玩乐，这样才能发现并再次发现周围的神秘之处。

我发现自己的最佳灵感来源于观察儿童玩耍的情景。正如我们也曾经有过童年一样，我们同样不应该忽略自己内心爱玩的一面，而是应该在玩乐、探索并尝试新事物的过程中以它为指引。在我们所生活的时代，所有人都会经历各种惯例、计划、规定以及他人预期的缓冲作用。我们应该时时提醒自己，我们内心深处倾向于玩乐、自发行为，尝试新挑战，探究新地点、新思想以及新活动。

爱玩的一面让我们更乐意去学习新技能，也愿意利用不期而遇的机遇。它也能够有效预防无聊、担心以及郁闷。如果我们能解放思想，任由其玩乐，往往就可以解决掉看似无法解决的问题。如果我们保持爱玩的心态，就会对人生困境一笑而过。正如巨蟒剧团为了鼓励人们积极面对人生所说的那样，“如果生活看起来很烂，说明你忘记了某些事情，那便是大笑和微笑，跳舞和唱歌”。或许我们应该试着把世界看作巨大的沙箱，就像我们小时候玩的那些一样。我们应该允许自己在沙箱里玩耍，开创自我探索的新历程，并彻底改变自己。

第八章

创造转折点

只有用心去观察，才能看得真切；最本质的东西用眼睛是看不见的。

——安东尼·德·圣埃克苏佩里

改变你看事物的方法，你所看的事物就会改变。

——马克斯·普朗克

我认为，所谓的灵感迸发时刻是指一开始你觉得那些事物微不足道，紧接着会对它们产生一定认识，之后会产生进一步认识。

——罗杰·彭罗斯

引言

很多人认为领导力培训很神秘、可疑，竟能够促进原本素昧平生的人相互交流。大众传媒手段让这种有失准确的不幸形象延续了下来：我们借助媒体看到的理疗师以及教练往往都胡子花白、冷漠内向，操着维也纳人的口音，面对过时的软旧沙发上痛苦挣扎的客户，他们一言不发，任由客户独自与内心抗衡。这一经典画面可能是一些非常搞笑的动画片背景；然而，更为假惺惺的是，它会导致教练的形象带有负面与刻板色彩。

培训从业人员对这种客户－教练关系的公众形象很是担心，因为这与现实情况完全背道而驰。这种人物特征虽然很有趣，但是却不能帮助人们了解培训的真实过程，同时也会贬低教练为帮助客户实现阶段性转变所付出的辛苦。

不足为怪的是，考虑到这一负面、可疑形象，人们往往不愿意向助人行业的人们寻求帮助。不过，从我担任领导力教练的经历来看，如果教练与客户能良好沟通，那么很可能会创造奇迹。优秀的教练犹如经验丰富的爵士乐手：根据客户提供的主题借助自身天赋（重构、重组以及认真聆听）进行即兴创作，重述主题、短语以及句子，从而以崭新的有趣方式重现体验。这样一来，客户或许就能改变看待事物的方式；他们或许感觉自己能更好地掌控人生了；更重要的是，他们甚至会改造自我。

“优秀的教练犹如经验丰富的爵士乐手”

的确，培训往往容易唤醒记忆的恶魔，让客户回想起过往的创伤和不开心的时候。但是，假如培训进展顺利，就会产生很大作用，有助于提高自我意识与自我表达能力，促进自我探索。优秀培训还能够促进创造性过程，鼓励客户开展心灵冒险，帮助他们提高情商，并更加深刻地理解人生真谛。培训有助于解决广泛存在的问题，包括自尊问题、持续焦虑、压力症状、性功能障碍、抑郁、嫉妒心理、漫无目的以及客户人生不同阶段中出现的许多其他问题。

“顿悟”时刻

我们都知道“顿悟时刻”和“灵感闪现”时刻，在这种时候我们会突然想出谜底，或者突然想到解决问题的办法。这些时刻往往被称为转折点，意味着能促进人生改变的一些重大事件。

一些最著名的顿悟时刻叙述表明，平凡的经历也能促使人们产生深刻见解。传说，希腊数学家、科学家阿基米德曾经面临一项艰巨任务，即证明国王的王冠是纯金的还是里面掺有银。有一次他洗盆浴，看到浴盆里的水位渐渐上升时，才突然意识到自己可以根据溢出的水的体积来计算国王王冠的密度。据说阿基米德当时对这一发现激动不已，竟然光着身子跑到大街上，大喊：“有办法了！有办法了！”（“我找到解决办法了。”）

另一个有名的“顿悟”时刻来自17世纪英国物理学家艾萨克·牛顿和苹果的传说故事。据说，当时牛顿正躺在果园里的果树下，突然看到一只苹果掉在了地上。他很纳闷苹果为什么会往下掉，而不是往上掉，人为什么会在地上行走，而不是飘浮在空中。经过思索，他认识到一定是地心引力把物体吸引到地上的——于是，他便提出了特殊的运动理论，即重力或地心引力。

与上述这两个名人案例相比，培训过程中“顿悟”时刻引发的见解似乎相对平凡——然而，引发顿悟时刻的事情似乎同样很单调乏味，然而对顿悟者而言却成为了重大转折点。一般来说，教练希望看到客户出现渐进式转变，但是我们几乎很少意识到自己的“顿悟”时刻，即便真正出现，它们也和一般性培训强调的小成就大不相同。

线性变化 vs 量子变化

引发非线性间断变化的经历可能比较明显。“顿悟”时刻很可能是由生活中一些惨痛经历以及重大生活难题所引发的，这些经历会引起重大情感痛苦，导致人们的心理失衡。这种现象被称之为“量子变化”，即意料之外的突变，主要表现为因持续影响而引发的核心价值观、态度、行为或者重要时刻的深刻改变。需要强调的是，人们对这些价值观、态度、行为等记忆犹新，它们可能会发生在心理疗法过程中或者之外。米勒和西德·巴卡 认为，这类体验会大范围影响个人情感、认知以及行为。他们的调查表明这些量子变化并非像我们想象得那样不同寻常，也不能被轻易当作痴心妄想或者一时的错觉。

米勒和西德·巴卡将量子变化喻为“晴天霹雳”或“恍然大悟”。有过这种改变体验的人几乎会不约而同地称自己突然看到了有意义的新现实。突然，他们认清了一条重要真理。他们认识到自己有大量潜力未被开发。想到这里，他们会发现人生最重要的是真实生活，其次是内心的宁静与力量，二者都有助于促进核心价值观的自我改变。他们对人生意义有了更深刻认识，也走出了不健康、不正常的行为模式。他们也不会总是抱怨不愉快的人生经历，相反会珍惜当下，展望未来。

米勒和西德·巴卡在假说中提到了两种类型的量子变化：突如其来的顿悟和神秘顿悟。一些参与者在研究中认为自身体验是尚未开发的精神财富的产物；其他人则认为这是更高力量赋予自身的天赋。然而，米勒和西德·巴卡认为神秘体验和量子变化二者之间有许多共同之处。

自心理学问世以来，就有人对神秘体验进行过描述，比较著名的是威廉·詹姆斯的《宗教体验种类》。詹姆斯认为，神秘心态是宗教体验的核心，有很多种不同形式，强度也不同。从最简单的形式上来看，神秘体验是智力或见解的突发（正如阿基米德和牛顿所体验的那样）。但是，二者之间也存在很大区别。

人们借助冥想进入最神秘状态，期间会经历与上帝结合的狂喜。这种与最神圣力量的不理性直接接触会给人们带来高度统一感，以及更高水平的存在感。主动追求这类体验的人会发现，他们的神秘之旅会长达一辈子，直至直接接触未知世界为止——这条通往隐秘思想领域的道路很难通过理性解释清楚，而是取决于直接体验。

米勒和西德·巴卡曾经尝试借助“自我调节”来解析非神秘形式的量子变化。他们提出“可以看出，量子变化展示了行为的重大、持续性变化，这些变化是由显著差异引发的，其中涉及意义与身份的核心目标。”他们还指出，“认知转变”的影响——即人们的最初看法会主导我们的注意力，限制我们看待事物的方式，并遏制出现其他看法。还有一个因素是“价值冲突”——教练或咨询师会引发价值冲突，这种冲突会产生持久影响。最后，他们还提到了“超越”。这类变化甚至不需要人们的刻意努力或渴望就会发生，正如意料之外或者不期而遇的转变一样。在这些情况下，转变中似乎会涉及外部因素或力量，比如上帝的行为。用威廉·詹姆斯和其他人的话来说，这类改变具有强大的超越性质（与普通体验之间存在明显区别）。这里，我们又处在了精神与心理边界。

二者之间的边界非常模糊。通过考察经历过量子变化的人们所提供的证据，可以发现这些突发见解往往被归因于信念、启示、直觉、本能、超感觉力以及其他许多准精神事件，这些并不存在于人类发展科学观中。比较理性的研究方法与宗教体验的神秘性之间总是存在各种各样的鸿沟。

要想从对神秘过程的研究转变到对人性的更“客观”研究上来，我们需要对神经学进行探究。对人脑技能的研究表明，这些显著转变体验或许具有神经基础。我们在解决问题时需要进行创造性思维，这显然与我们进行线性解决问题时大不相同。

神经探究

神经科学家总是对转折点倍感兴趣，会考虑具体的神经活动是否与转变体验相关。相关研究表明，强烈的情感体验与神经生理过程相关。这些过程似乎会在教练－客户相互沟通的过程中被激活，而教练在调节困境方面起着重要作用。

具体而言，人的左脑主要负责常规的认知处理活动，而比较显著的转折时刻似乎更多地与右脑相关——右脑主要负责直觉、自发性、情感以及形象等进程，会涉及潜意识。右脑在探究未知方面起着关键作用，之前存在的认知代码或策略并不适用于这种认知环境，换句话说，伴随新想法或不同想法产生了自发惊喜。从神经生理学角度而言，左脑在转折点似乎会被规避。显然，如果我们希望得到显著见解，就得依赖于右脑——并希望它能自觉运作。

神经科学家还发现，当人们突然整合信息（看法突然转变），并获得真实见解时，大脑的杏仁核也会加速运动。杏仁核会向不同皮质区传递信号，告诉它们出现了重大的内部神经重组活动，这在高阶思维中起着关键作用。

几乎从定义就可以得出，顿悟时刻产生的信息会并入长期记忆，而杏仁核在与高度情绪化事件相关的记忆组成与储存中起着主要作用。我们一旦找到解决问题或者更快更好完成任务的新方法，杏仁核就会确保我们不容易忘掉这种方法。杏仁核有助于促进对这些崭新的内部思绪形成长时记忆。在这种新状态下，人体生理、信息加工、情感、记忆力、认知以及沟通，包括主观自我体验，会以利于有效治疗工作的方式重组。

可以推断，这些转变体验与从旧石器时代传承下来的基本生理进程密切相关。史前祖先经常面临的威胁生命事件塑造了现代人的神经系统，能够在人们意识到自我生存受到威胁时做出强有力的充分回应。直至今日，当我们面临类似处境时，会感觉激动不已，更有朝气、强大，充满活力，而且非常乐意接受挑战。显然，受到威胁（或者恋爱）时，我们内心深处的情感会被调动起来，我们也会感受到自身的最大潜力。重要的是，它加强了这样一种认识，即当我们要求以新的眼光审视困境时，就需要选择不便之处，创造转折点。

真正改变 vs 虚假改变

以上这些神经学研究证实，顿悟时刻（不管在任何情况下，包括培训）是对人生产生显著认识改变的重大事件。这些事件预示着新见解与发生改变的可能性。当人们内心的担忧与关注突然消失时——这些消极想法之前很可能让接受培训的客户备受困扰——就会出现转折点。

但是，转折点会真的出现吗？还是只不过是暂时现象？所获新见解会长久存在吗？在治疗界，一个永恒的讨论主题便是“移情疗法”。客户（有意或者无意）会按着理疗师的要求去做，从而实现情感需求的满足。移情疗法属于一种合作，客户为了取悦理疗师，会声称自己体验到了契机变化，而理疗师（作为回报）会忽略客户身上仍然存在的困扰性症状或行为模式。

这种浮士德式的交易是否成功，取决于客户是否非常善于避免症状或者行为模式影响到自身其他技能。在移情治疗中，客户往往会通过展示自身的理性认识来取悦理疗师。这当然属于权宜之策，他们很快又会陷入原来的困境。

利于自我的症状消退

心理分析家与艺术历史学家厄尼斯特·克里斯对治疗过程中可能发生的两种消退现象进行了区分。在第一种消退中，病人会不知所措，从而引发病理反应；在第二种情况下，消退得到了良好控制，因此提高了病人的创造力。克里斯将出现积极消退进程的过程描述为“幸运时刻”。

虽然心理分析家早就知道有些治疗过程对病人和分析家双方都有好处，但是克里斯却是第一个系统审视这类过程的人。在“幸运时刻”，病人在回想新记忆内容时并不费力；相反，他们会非常自愿。之前的防御反应也会减退。发掘新记忆的能力会与他们认识到所发掘事物重要性的能力保持一致。在“幸运时刻”，治疗师会去迎合病人的情感状态；记忆会出现在一定背景下，并预示重大事件，引发病人心理结构的重新定位。克里斯称这一进程为利于自我的消退，它与顿悟时刻或者转折点很相似。助人行业的人面临的一大挑战就是制造“幸运时刻”，这种类型的交流才会使得转折点成为可能。

然而，克里斯意识到移情疗法存在的风险后，便将“幸运时刻”与“看似幸运时刻”进行了区分。在第二种情况下，病人希望得到治疗师的关爱，因此会制造对方欣赏的关联。出现这种共同想法时，病人和理疗师可以轻易摆脱困境，并创造虚假改变。理疗师为了实现短期好心情，牺牲了病人真正的成长希望与持久改变。然而，这样做仍然会回避问题实质，无法解释这些量子变化究竟是什么。

转折点剖析

身为领导力教练、心理分析师，我经常会遇到转折点——顿悟时刻，这些时刻会让客户对人生中的一切问题恍然大悟，并引发积极的人生改变。在转折点，人生中所有的谜题都会慢慢得到解决，一切都变得非常清晰，人们会感到很开心、欣慰，领悟一切。不过，我在前面强调过，这些时刻并不会经常出现——而且人们很可能会在事后一段时间才意识到它。但是，只要出现这样的时刻，人们往往会做出重大的人生改变，而这些改变并不一定契合他们之前的行为模式。

到了转折点，客户的局限想法与消极条件反射（过往经历的产物）会出乎意料地消失。他们会突然认识到长期妨碍他们正常生活并与真正自我相关联的扭曲观念，还会发现自己一直都被困于自动思维与行为模式中。然而，如今，他们会以崭新、积极的方式看待事情；开启更加真实、目标明确的人生。

在转折点，许多变量都会一同出现，需要认真分析。除了神经关联之外，认知、情感以及行为变量也会在这个过程中发挥重要作用，而且很可能成为改变的催化剂。这个过程是如何产生的呢？转折点是凭空而来的呢，还是会出现初始过程？

我自己的研究以及许多同事的研究表明，顿悟时刻是由一系列续发事件引发的，首先是客户报告自身的沮丧情绪，感觉生活中缺少了什么。表面上来看，他们似乎非常满足，拥有一切重要的东西——健康、家庭、朋友、好工作——然而，静下心来，他们会意识到自己内心的空虚，感觉事情并不像他们所希望的那样。客户虽然没有明确表达想法，但是内心往往会有一种强烈的渴望，想得到更多——得到他们说不上来的东西。尽管他们很清楚自己不应该存在这种心理状态，却不知道该怎么办。他们很可能模糊知道自己需要改变一些行为，但是缺乏采取行动的动力。他们知道自己有很多尚未发掘的潜力，而且也能够把这些潜力与真正重要的事物更好地整合起来。

在大多数情况下，培训会促进增量改变，期间客户对自身感受、思维以及行为模式的认识会逐渐增强。他们会越来越清楚妨碍自身的日常生活挫折。只要承认了这一点，接下来就会出现微顿悟时刻，即人们往往会忽视的日常小成就。这些克服人生困境的小成就，或者说压抑已久的不满情绪表达——会引发“愤怒至极，再也受不了了”的想法——并保持势头，制造神奇的转折点。

罗伊·鲍迈斯特通过对经历过重大生活变故的人进行研究，指出他所谓的“不满情绪成形”现象，这与转折点续发事件相呼应。鲍迈斯特描述了这样一个过程，如果一次性事件中出现不一致或者干扰信息、经历，那么可以忽略它们，不需要认真对待。相反，大量事件中出现的负面不和谐想法一经累积，就容易增加不满情绪，并引发重大人生转折。俗话说得好，如果只有一个人说你的耳朵像驴耳朵，不用理他；但是如果好几个人都这么说，你就该重视了。如果从某个新角度引发的负面影响持续密集地发生了一段时间，改变就会不可避免地出现。但是，是之前的不满情绪才引发了启示。

所有这些观察结果表明，转折点并非凭空出现；顿悟时刻源自长时间的思索、反思与准备。转折点好比机遇，只会青睐有准备的人。虽然深刻变化所产生的明显影响似乎不同寻常，但是它们是许多微小、往往不明显的预备性干预措施所带来的结果。这些小变化结合起来会带来重大改变，因为它们会带来新的认知、情绪以及行为路径。虽然，明显“影响”看似非常迅速、显著，那是因为在出现深刻改变之前，我们看不到背后的故事。

“转折点并非凭空出现”

从概念上来讲，我们可以辨识出准备阶段，该时期会搜集相关的心理资料，并搞清楚情感、认知以及行为问题（除了发挥作用的各种神经过程）。考虑到个性的相对稳定性，要想启动变化往往需要强大的诱因，如痛苦或烦恼——这些情感引发的不适会超过目前“继发获益”带来的快乐，而这种快乐不受变化的影响。不管变化诱因是家庭矛盾、丧亲之痛、离异或分居、健康问题、负面社会制裁、事故、孤独感、行为问题、影响亲人的烦人生活事件，还是日常生活的麻烦或挫折，人们都必须对目前处境有所担忧，才可能促成改变。我在上一章提及的领导力项目挑战中许多经理人都反馈在改变发生前一阶段自己会经历高度负面情绪。有些经历会让他们认识到继续目前的不正常行为模式会引发严重的负面影响，并加剧负面情绪。他们已经准备好去应对维持现状的对抗性心理动力，并为转折点的出现创造了条件。经历过重大变化的人声称自己到达了一个点，要想维持现状越来越难。他们的处境会不断干扰心理健康。传统的防御机制——否认、压抑以及投射——统统停止运转。

紧随这一阶段的是潜伏期，该时期内心会出现创造性活动，会持续进行某种信息加工，即便人们并没有意识到这一过程——包括我们睡觉（做梦）时发生的信息加工过程。当人们认识到糟糕的时日变成了糟糕的一年时——换句话说，“不满足”这一单独事件已经转变为了不开心的稳定模式——他们再也无法否认采取行动的必要性了。从这一刻起，所有新的干扰都会被当作不满模式的一部分。人们终于做好准备接受事实，即无论是时间的流逝还是行为的小幅度改变都无法改善处境——确实，如果不采取严格措施情况很可能会进一步恶化。

然而，即使认识到需要采取重大措施，也不能自动激发人们采取行动。保持平衡的防御策略很难打破。尽管如此，它会引发心理过程，导致人们开始考虑应对逆境的其他方式。从否认（表明他们的预防体系在发生变化）过渡到认清一切并不顺利后，他们便可以走出现状，不再觉得其他选择比现状更可怕，而是开始从事重新评估工作。他们开始考虑矛盾心理，独自权衡采取某种行动的利弊所在，甚至还可能开始尝试做小小的改变。

接下来就会出现顿悟时刻，谜题的所有部分都会组合在一起。接受改变需求是非常重要的第一步，但是却不能保证采取行动。通常，在这个阶段（教练会提出许多对抗性问题和要求澄清的问题，从而提供一定帮助），许多不满情绪会融合为相互关联的里程碑式整体（或者焦点事件）。事后看来，这一焦点事件就可以看作转折点，尽管它发生的概率往往很小。之所以把它看作是焦点事件，是因为它能够让存在不满情绪的人采取一再推迟的改变步骤。不管局外人怎么看，焦点事件都是改变的催化剂。

有些焦点事件——比如离异、分居、疾病等——无论从主观还是客观上来看都很重要、严肃。但是，还有许多焦点事件乍一看似乎无关紧要，但是，它们却预示着一系列反映问题实质的事件。虽然从客观上来看它们微不足道，但是从主观上来说它们很可能非常关键，因为它们能引起人们开始关注存在已久的问题，促成顿悟时刻，以及对人们生活的重新诠释。

人们正是在这个阶段开始准备采取行动的。他们抗拒改变的心理也开始垮了，同时他们的习惯性防御措施也不再像之前那么奏效了。失衡状态开始出现了。客户对自身处境有了新看法，并认识到了新的可能性，而之前他们只感觉无助无望。他们的情感能量从过去的担忧（比如异常行为）延续到了现在，甚至未来。他们感觉好像重负得到了解除，自己也从思想上准备好去面对更具建设性的未来。客户也已经准备好采取新行动，并进行行为试验了。

在这个时候，人们会面临改变的最大挑战。个人决心已经为认真、详细重估目标打下了基础。是时候尝试新想法了，各种观点与计划也变得越来越清晰、确定，有时会比较痛苦的内心之旅目的地也成了不断增加的自我认识以及新的开端。随着客户走过成功自我改变的各个阶段，他们越来越希望放弃以往的身份认同与角色，并开始承担新的身份。他们开始大幅度重构生活环境，重估人生目标与意义，放弃旧事物，并开始接受新事物。

最后是验证阶段。在该阶段，新的世界观得到了重建与稳定。一谈到改变，所有人往往都会说大话。但是，尽管我们曾经许诺要打开无数新篇章，事实上可能连碰都没碰。证明改变发生的唯一真正标志便是新的心态。个人改变进程的最终部分涉及重塑内心世界，接受新身份，或者（更保守地说），重新发现并证实更成熟、真实的身份。客户会变得非常积极。在走向未来的过程中他们会抛弃旧的思维、情感以及行为方式。在对存在已久的自我进行重新界定，甚至重新改变时，态度和行为的转变力度达到了顶点。图 8.1 概括了转折序列事件的各个阶段。

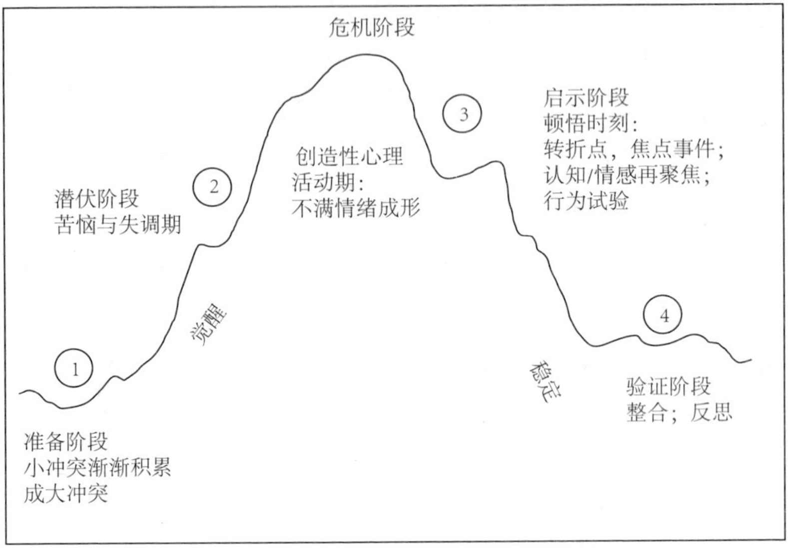

图8.1　创造转折点

虽然我们不能计划顿悟时刻，但是教练可以营造氛围来促成这样的转变。他们能够创造不连贯的转变体验，以下例子就是证据。

在我好几年前主办的一次短期经理人项目中，有位叫皮特的参与人。他非常有才华，也很积极，经常会带头参与讨论——最重要的是，他的观点很有道理。他是一家成功跨国 IT 公司的 CEO。父亲退休后他就接管了这家公司。那次项目过后，我和皮特也有过好几次共事，帮助他组建更精干的高管团队。

现在他又给我发了封邮件，问我能不能见个面，越早越好。一周后，我和他约好去他办公室见面。助理领着我一进他办公室，我就发现皮特不如以前那么精力充沛了，他面色晦滞，紧绷着脸，语速缓慢——和我之前认识的皮特完全不同。

寒暄过后，我问皮特公司业务开展得怎样；他的答复像是在敷衍，令我困惑。我不知道他想说些什么。不过，正是因为困惑，我内心才对我俩都关心的问题进行了思考。皮特为什么兜圈子呢？我问到这些问题时经常会在头脑中出现一幅讨论（合作协议）路线图：客户现在处境如何？他想达到什么目的？我该带他走哪条路？当然，由于我本人也是心理分析师，因此总能注意到对方的心理动态。

皮特对着我滔滔不绝谈论所在行业飞速的科技发展状况。他非常担心公司未来，不知道自己用人是否得力，他们能否很好地应对公司所处的飞速改变的战略环境。他还叹息了好长时间，抱怨高管团队中有些人不可靠。他们真的适合各自的职位吗？还是说他不应该分配给他们那么多责任呢？

他说话时，我在听，同时也想弄明白他说这些话背后的原因。然而，面对他那一顿抱怨，我实在不知所措，完全没了头绪。我一时兴起（如果可以这么说），让他按照从 1 到 10（10 代表最高，1 最低）的分值说说他现在的感受。皮特马上给出了结果，“4 分”，紧接着又改成 3 分。我告诉他，自评分值这么低，说明存在一些问题。我让他跟我说说他为什么认为自己目前的处境这么可怜。于是，他便谈起自己的心态。为了让我明白前因后果，也为了让自己搞清楚问题，他还跟我细说了最近发生的让他感到焦虑、不开心的一些事情。

一开始，他很担心公司业务。他觉得高管太自大了，担心竞争对手追上来。简言之，他觉得公司目前失去了竞争优势。除非尽快采取重大措施，否则公司会陷入重大麻烦。他甚至还提到公司破产也不是完全不可能。说这些话时，他沉浸在痛苦中，好长一会儿才缓过来。我让他详细谈谈破产的想法时，他却转移了话题，开始谈起自己和妻子的关系。他俩目前关系也不怎么好。他感觉俩人的生活没有交集；唯一的沟通话题也往往是关于子女的空洞交流。除了子女，他们似乎很少有共同之处。他俩都喜欢做的事情几乎寥寥无几。

我想办法鼓励皮特把困扰他的所有问题都说出来，一直到我比较满意，觉得他准确说出了大多数重要事实。在精神发泄时人们总能说些什么，至少在有同情心的听众在场时。不难发现，皮特把内心的所有苦楚都告诉我这位不加任何评论的听众后感觉释然了很多。这一信息收集过程是我与他沟通的第一阶段。

我一边听皮特讲自己的故事，一边努力搞清楚自身感受（我在其他地方把这种做法称为“自我利用”）。有那么一刻，我被皮特摆出的一大堆事实吓坏了，甚至想过自己究竟有没有能力去帮他。我能解开他千丝万缕的人生故事吗？他所在的复杂行业我能吃得消吗？我真的能给他提供有价值的帮助吗？还是说我只是个骗子，假装能帮他解决根本不可能解决的任务呢？这些想法让我开始纳闷皮特究竟把我当什么了。难道他只是把我当作人生难题的中转器吗？还是想把他解决不了的所有累赘、令人困惑或者让他感觉危险的部分都甩给我呢？难道他是在通过投射认同帮我更熟悉他内心的想法吗？

投射认同是一个心理过程，其中一方会把自身的想法、情感或行为投射到另一方身上，从而引发对方产生同样的想法、情感或行为。对方可能会被投射所影响，并开始按照投射到自身的想法或信仰做事。投射认同有别于普通投射，在普通投射过程中，人们会下意识地否认自身特征、想法以及情感，而且会把这些因素归于外部世界，通常是他人。

到了我和皮特见面的第二阶段，我开始顾及上面那些感受，问皮特他有没有觉得自己有时像个骗子，既然他每天都要面对那么多挑战。这个问题引发他讲出了自己的一连串人生故事，从家人对待他的方式开始。他一直都觉得家人对他不够好，尤其是因为他从来没能实现父亲对他的高度期望。不管他取得怎样的成就，父亲总是嘲笑他。有意思的是，皮特在讨论过往记忆的同时，也获得了新见解。他在过去与现在之间建立了新的联系，并对他与女性，尤其是与他母亲的关系产生了新认识。直到现在，他才认识到母亲太以自我为中心了，一直以来都无法帮助他能感觉好一些。她并没有帮助他建立自尊。这一点，他要感谢祖父，感谢自己能和祖父一起度过那么多美好时光。

考虑到我和皮特之间的沟通存在一些心理动因，我认为是时候尝试皮格马利翁效应了，同时也应该让他知道我对他各方面能力的信任——就像他祖父那样认为他非常能干、有担当——以此来反驳他的无能自我形象。大量研究表明，对一个人的期望越高，他们的表现就会越好。我认为积极的观察结果在此处比较有用。我很清楚，身为领导力教练，我需要多多关注皮特的需求，他强烈希望得到我的帮助、安慰与情感联系。我应该重视他的主观经历，关注那些处于核心地位的重复出现的冲突性移情表征。我能成为皮特从未拥有过的好父亲或者好母亲吗？我能做到支持他的祖父那么好吗？

这种积极的再体验活动有助于积极修复皮特过往的创伤，而不适合改变他那漠不关心、不负责任的父母——并不是说应该继续把他和父母在一起生活的消极经历压抑内心；相反，这些经历也需要认真面对。但是，强调消极经历并没什么好处。

一般而言，重视自我能力能够加强教练与客户之间的协作关系，提升客户的自尊，促使其实现自我预言。客户往往会响应高效能预期，自我效能感就是一大重要结果。但是，我在这样做的过程中，仍然会意识到移情疗法存在的风险。当然，时间会证明皮特自称自己做出的改变是否能够持久存在。这是我俩会面的第三个阶段。

在我的一再催促下，皮特渐渐认识到自己或许对人生太过悲观了。

他忽略了很多积极的方面。在他的反思基础上，我借机询问他父母曾为他做的一些好事——相比儿时的家庭地位，现在他的处境大不相同；他现在已经成年，需要为人生负责。我还清楚地告诉皮特，（有意或者无意）改变很可怕，也很难理解。皮特通过这次与我沟通，渐渐意识到自己应该细数幸福。认真考虑后发现，公司业务并没有那么糟糕。妻子很温柔，孩子们也很健康，他们都过得很好。完全没理由让自己置身于这样一个黑洞里，给自己的幸福水平评这么低的分。确实不应该再去回顾过去的那些痛楚。

皮特考虑到这些问题之后——从消极转为了积极——心情开始大好。就好像他内心亮起了一盏灯，给他带来了顿悟时刻，让他深感欣慰。显然，他从认知与情感上都对目前处境进行了深刻的重新评估。他走出了困境。突然，他找到了解决问题的办法，想出了之前没想到或者不知该如何处理的新的业务方案。他也明白了该如何亲近妻子，找一些两人都喜欢做的事情。

皮特说这些话的时候，我注意到了他的情感变化迹象。他不再像之前那样情绪低落了，而是明显有所感悟，也很欣慰，对未来充满了新的希望。我们在向会面的第四阶段发展。皮特经历了转折时刻，有一种强烈的认知感，突然找到了解决棘手问题的办法。我们已经探讨了他接下来可能采取的行动，以及他可以如何实现新想法。一周后，我进行了电话跟进，证明我们上次见面谈到的那些行动步骤并不只是一时的想法。皮特针对公司和私生活都采取了一系列重大行动。

小结

皮特留给我的印象是，他总是很疲惫、沮丧。他所处的快节奏环境让他倍感压力、担忧，一直难以招架。他人的要求，无休止的邮件和手机短信，以及对他是否过得很自在，所有这些因素最终导致他吃不消、筋疲力尽，而且忧心忡忡。

（助理辞职后）繁重的工作负担让皮特满脑子都想着他需要处理的各项工作。他陷入了厄运的恶性循环中。前天，他和妻子又吵了一架，这成了压倒他的最后一根稻草。他越发感到孤立无援、沮丧消沉。皮特到办公室后，心中充满了怒火，特别想发火。他意识到了自己非常讨厌现在的工作，同时误以为公司目前正濒临危机。这些恐惧心理，加上他对妻子的感受，让他感到自己的人生即将崩溃。

在皮特的案例中，生活中的千丝万缕相互作用，但是他却没有意识到。我问了皮特一些问题，认真聆听了他的看法，并对他表示支持（及时地），从而让他对自己内心的复杂情感以及认知扭曲有了更深刻认识。他逐渐认清了相互影响的各种外界力量，并因此感到更痛苦了。

我给皮特提出的建议让他从沮丧走向了希望。期间，我创造了转机。在一次短暂会面中（虽然我之前和他有过多次会面），在我的帮助下，他能够从不同的角度去审视人生，看到了各种新的可能与机遇。皮特的案例和类似性质的许多其他案例一样，其“幸运时刻”可以说是一系列沮丧经历发展到极限的完结，并让他产生顿悟。我之前和皮特的所有会面都为这一转机奠定了基础。

“美好”体验

我对皮特的心理干预表明，培训属于苏格拉底过程，而非辩证练习。和他会面期间，我从他那里获取到了大量信息，也询问了他一些简单问题，偶尔也向他提出一些反对意见或者指出一些不理智的看法。我发现皮特内心存在很多很多认知扭曲。举个例子，他似乎非常认同以下观点“我们完全无法控制自身幸福，幸福完全取决于机遇”——这种无可奈何的谬论并不利于收获快乐。皮特还总是否定积极事物，并倾向于从消极的角度看待问题。此外，他还从父亲的潜移默化下产生了这样的认识，“不管做什么，都应该追求完美”。这一准则或许很值得去遵循，但是却很难实现，容易产生太多的“应该之事”。相比做到最好，愿意付出才是更好的生活准则。

“相比做到最好，愿意付出才是更好的生活准则。”

皮特还倾向于把问题看得过于严重，总想着灾难会随时来袭。他考虑中的公司破产场景不出所料。事后，我发现皮特在我们前几次沟通期间所做出的乐观评价总是让我非常困惑，就好像他是在借助这样的防御策略来掩盖自己内心的消极情感。有时候，我感觉他向我隐瞒了好多事情。但是，由于时间有限，我觉得最好还是不要继续探究那些问题了。现在想想，他过去的一些行为似乎显得有道理了。

导致皮特人生坎坷的最后一个认知扭曲便是，他认为“过去已经发生事情现在不可能改变了”。这种宿命论人生观很容易导致无助与无望心理。

显然，皮特需要改变自身认识以及对周围世界的看法。我得让他明白他的想法非常不理智，得帮助他做到乐观积极，对未来充满希望，提高自我效能感与自信心。时机合适时，我对他呈现的素材提出了几点看法，当然也没有忘记考虑他的情感、过往经历以及人生理论。我还在适当时机给予了他支持。我并没有仅仅想帮助他摆脱困境；我的挑战在于帮助他深入探究人生与情感——这样他就能做出必要改变，生活工作起来也能更称心如意。我还帮助他摆正人生观，直面认知扭曲。我在努力尝试让他做出有意义的改变——如果可能的话，我希望能为他带来转机，让他以不同的方式去审视人生。

教练决不能忘记培训要以客户为核心。教练有义务尽全力帮助客户寻找并实现他们一直追寻的目标，帮助客户做出适合自身的各种选择；认识到自己并非一定得被动地接受变幻无常的人生。客户应该认识到自己在生活中可以积极发挥作用。令人惊讶的是，对于许多客户而言，在关乎个人福祉方面做出重要抉择是一场全新体验。然而，这种意识非常重要，因为它能为客户提供参谋。如果能恰当地处理这些问题，就能释放大量压力，放松心情，提升满足感，集中注意力。

需要指出的是，转机出现之前往往会遇到越来越大的阻力。教练需要能够容忍并应对这一事实。虽然成为他人的倾诉对象感觉并不好，但是教练需要容纳他人的消极情感与想法，还需要帮助客户认清他们自身的防御模式，从而做出改变。教练需要具备接受熟悉、直觉以及普遍存在事物的能力，并能够做出调整，促进重大改变。

“转机出现之前往往会遇到越来越大的阻力”

转机出现之前会产生自我认知，这也是人类成长的关键要素。毕竟，我们不清楚自己不知道什么；如果不了解自身行为会对他人产生怎样的影响，就无法改变这些行为。要想产生自我认知，我们应该搞清楚自身行为可能产生的影响，以及妨碍我们发挥全部潜能的事物。认知会促进转机的出现，而转机反过来也能促进我们的认知，让我们更明白什么会让我们雷霆大发，什么又会让我们开心不已，以及什么会妨碍我们充分体验人生。

合作联盟

教练与客户之间的关系质量是实现转机的必要条件，和二者沟通中采用的技能或工具同样重要，会影响培训的有效性。大量研究表明，相比心理疗法的理论体系而言，人际交往技能与个人风格对顿悟时刻的影响更大。客户与教练之间的关系是实现有意义改变的决定性因素。客户需要安全感，得到他人的理解与认可。对客户的移情心理与敏感是培训体验的根基。

"对客户的移情心理与敏感是培训体验的根基"

基于我俩之前的师生关系，我和皮特显然具备坚实的合作联盟关系。我俩对彼此都非常信任。培训期间，我可以为皮特提供安全的环境，让他和我敞开心扉沟通，不必担心被人嘲笑、丢脸或者遭人评论。我们所处的过渡空间有助于他表达内心的忧虑，发现新知识，探究做事的创造性方法，同时免受外部压力。他在这一空间里可以"玩乐"。玩乐能产生积极效应，反过来又会促进认知灵活性，以及以不同方式整理想法的能力。所有这些都与创造性过程积极相关，并促进发散性思维。

然而，教练在制造这些过渡空间时一定要谨慎。客户与教练之间的人际魔力非常微妙，很容易迅速消失。甚至连最轻微的负面评价或解释性错误都容易被看作是威胁，或苛刻——很可能会破坏合作联盟。客户如果感觉受到了他人的评判，就很容易会保留信息，从而影响进展。这就说明，教练在点评时一定要做到敏感，或许最好采取询问语气，这样客户就不会感觉自己走投无路了。

由于客户与教练之间的良好协作有助于制造过渡空间，因此皮特才愿意展示自己柔弱的一面。他很乐意说出自己的恐惧与担忧，而不是傲慢地以商业大亨自居，把交谈变成抽象概括的管理学唠叨。许多人在参加培训时都非常担心"放松警惕"。他们害怕受到他人的嘲笑，担心其他人会笑话自己，因此总是保持戒备心理。但是，如果他们不能对教练敞开心扉，就无法从培训中有所收获。

情感、认知以及防御心理

我们都知道，仅有认知并不足以促进人们发生改变，而是需要与情感结合起来。了解情感是实现无意识的捷径。要想取得效果——实现转机——教练需要迎合客户的情感体验。如果能迎合客户，他们内心压抑已久的记忆、情感以及想象就可以得到释放。情感调节源自母亲与子女的依恋关系，这是调节情感状态、制造安全感并实现共鸣的典型例子。这个二阶情感模式在人生中非常重要，会在很大程度上影响教练与客户之间建立的协作关系。这些最初依恋模式的安全程度会决定建立协作关系的难易程度。教练有时候也很有必要去重温这些儿时的依恋模式。

教练需要不辞辛苦去尝试认同并亲身体验客户的情感、想法以及态度，不管之前的依恋模式如何。他们需要移情，同时还不能影响客户的为人处事方式。移情共鸣有助于了解他人的主观经历。它主要指既亲身体验，同时又能保持旁观者的立场。这种平衡的好奇心有助于对他人产生更深刻的认识。

移情共鸣是引发转机的其中一大驱动力。另外一大驱动力便是帮助客户改变自身的防御行为模式。教练需要“发掘客户的潜意识”，帮助他们克服各种阻力，从而得以体验现在与过去的真实情感。这些情感很可能会因为太过恐怖或者令人痛苦而被逃避。客户需要摆脱根深蒂固的自我毁灭模式，找到应对异常防御机制的方法。我在前面已经提到过，有些做事方法在 10 岁时很有效，但是到了 40 岁就不恰当了。教练在这方面发挥着重大作用，有助于帮助客户处理好这方面问题，找到应对变幻无常的日常生活的新方法。

矫正性情感体验

教练还需要做好准备修复自我肯定。他们应该帮助客户从不同的角度去审视自我，纠正内心的各种“本应该”以及“本可以”想法。客户不应该反复强调自己没有什么，或者没做什么来困扰自己，而是应该集中关注自己拥有的东西，以及能做到的事情。“足够好”的做法就应该足够好。客户需要努力去接受不同的自我形象。

“客户应该集中关注自己拥有的东西，以及能做到的事情。”

要想改变自我形象，就有必要“在比较有利的条件下让客户再次置身于他们之前处理不了的情感条件中。客户要想得到帮助，必须经历适当的修复情感体验，来修复过往经历带给自己的创伤”。双向领域的这些沟通有助于客户摈弃旧的行为模式，并通过再次体验早期的不确定情感与需求来学习新的模式。假如客户愿意走出舒适区，尝试新事物、不熟悉甚至有些恐怖的事物，那么培训就会成为真正的“幸运时刻”。他们有必要尝试不同的行为模式。如果教练 – 客户之间的二阶关系能实现最佳运转，就能完成修复。

需要指出的是，客户在理想培训过程中有时也会感觉很糟糕，因为他们内心掩藏已久的情感与反感情绪都被挖掘了出来，从而会暴露他们的悔恨、挫折以及失败。教练此处面临的挑战便是以积极有效的方式重新整合这些情感、想法与记忆。如果教练与客户之间的协作联盟确实在发挥作用——促进修复情感体验——那么就有可能实现真正的转机。

更强烈的真实感

有时候，优秀的教练为了实现修复情感体验，很可能会提出异议，会做一些解释与纠正。他们需要帮助客户找到“对的”感觉——这也是客户实现高度真实感与活力的唯一办法。这种对的感觉源于自我观察能力。客户应该能够说出自己意识层面的想法、渴望与感受。他们应该搞清楚自身行为。在教练的修复帮助下，他们会体会到他人的肯定、认可、理解以及欣赏，并会从教练那里得到自己一直以来渴望得到但之前却因为害怕而不敢许可的答复。

强烈感受与新见解等这些积极暗示表明，教练与客户的二阶沟通在奏效，在双方的交流过程中，教练（无意识）会以非常私人的即兴方式给予客户响应。通过给予情感与认知迎合，客户的异常行为模式就会得到强调，与此同时，可以改变他们的方式也变得非常明确。发现并尝试新的行为方式便成了现实选择。

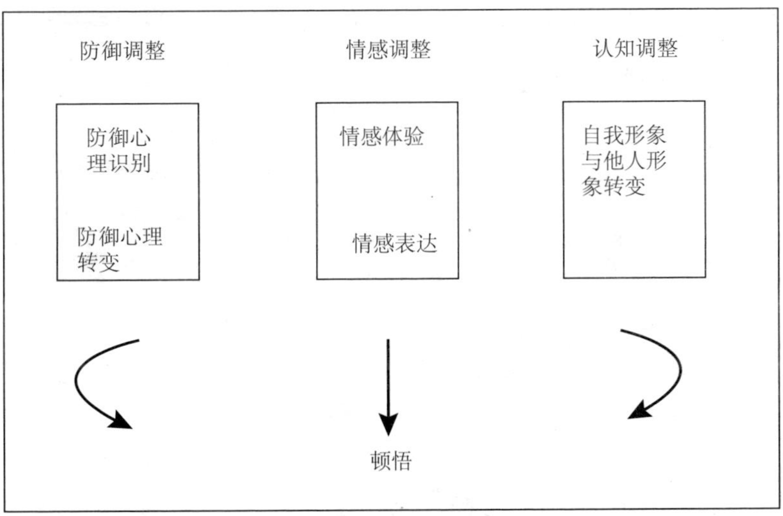

图8.2 调整内心：制造转机

这种以自由联想方式开展的玩乐式参与模式有助于客户从情感、

认知以及心理防御方面接受新的可能性。通过亲身体验与反思，（客户与教练）就可以公共制定新的人生策略。防御模式会得到重新界定或改变。客户的内心世界会发生转变，从而促进客户自我形象的改变。图 8.2 对这些防御、情感以及认知过程进行了描述。

“云”观察

在这个过程中，教练有时候可能会采取“云”观察方式。与云计算——指借助网络将用户与虚拟资源（并非真正拥有这些资源）相连接——相区别，云心理动态学指的是客户与教练这一二阶关系的讨论主题。这些主题会在双方均为无意识的情况下显现。“云”当中包含教练与客户部分消化的资料，以及对双方行为与沟通产生无形影响的点滴想法、心情、行为与行动（包括身体感受）。我们会在云中找到双方的评价，好坏标识，以及伴随各方的神经生理感受。讨论过程中往往涉及不到这些云片段，即便云主题会（有意或无意）影响双方的沟通性质。然而，有时候，云干预也很有意思。

我和皮特讨论时有时会采取云观察方法。当他向我不停地抱怨时（把我当作倾诉对象），我就需要想办法包容他的各种情绪，比如无力感、对世人的愤怒，自认为不能顾及所有人的感受，同时又因为没人关心自己而感到失望。我曾经要求他对自己的痛苦程度打分。这种云观察手段目的在于终止他内心的失望，有助于促使他进行反思，而不是一味地倾诉。结果表明，我提出的意见得到了好的反馈，这就表明我做对了。

经过思考皮特所谓的破产，我意识到它不仅仅意味着经济损失。他是在借助破产这个词表达内心的恐惧，担心自身的多种角色，包括生意人、父亲、丈夫，这些角色带来的压力可能导致自我崩溃。他对破产的表述也包括内心徘徊已久的不确定情感，因为他得不到下属、妻子以及父母的理解。

在我和皮特的沟通中，骗子主题也是另外一项云观察内容。虽然皮特并没有明确说出这个词，但是我还是从他的话里发现了这个主题。皮特在向我倾诉各种抱怨时，我感到很无助；我不知道该怎么办。最终，我开始觉得自己像个骗子——这恰恰就是他所体会到的自卑情绪。我的职责就是帮助他更清楚地认识自己，认清自己在公司扮演的角色，以及身为父亲、丈夫的角色。我借助云解释将含蓄的内容表达清楚后，皮特顿时感觉自己得到了更好的理解。

客户－教练二阶关系共同引发了双方的无意识，或者“云现象”，其中包含多种焦虑、幻想、防御心理、神秘性、记忆以及共同的文化禁忌。各种情绪，如焦虑、愤怒、鄙视、厌恶、嫉妒、悔恨、羞愧、内疚、敌对、无聊、骄傲、开心、敬畏等，都可以被看作是云现象的一部分。这些情感是记忆中的创伤经历遗留下来的内容——在双方或者集体交流的过程中，这些表征现象可能会被唤醒。教练的任务就是确保在恰当的时机解决这些主题。当教练与客户的沟通（或者团队工作）停滞时，云观察尤其有用。

1. 生理饥渴、呼吸、排泄等
2. 性欲/感官欲望
3. 依恋/亲密关系 希望关心他人/希望得到他人的关爱/担心遭到抛弃/担心孤独/担心情感亲密(沉浸)/应对哀痛/悲痛
4. 可怕的自尊心问题/感觉不值得认可/担心受伤害/羞愧/感到尴尬/内疚/缺乏安全感/担惊受怕/不信任他人
5. 愤怒/反感/羡慕/嫉妒/失控/恐慌
6. 探索性游戏/社交乐趣

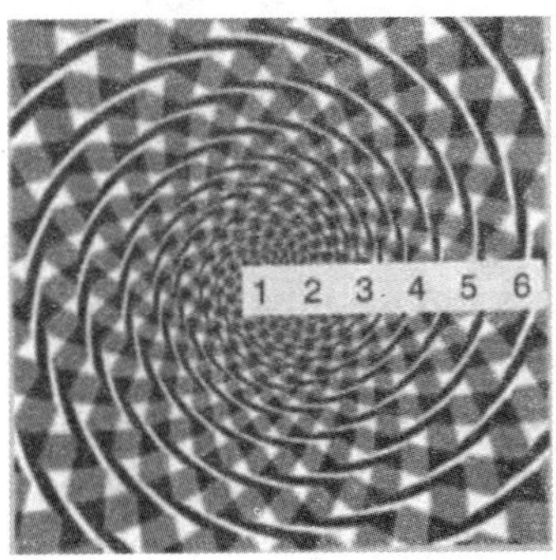

图 8.3“云”问题

云观察对打破培训过程中出现的僵局大有帮助。图 8.3 列举了一些最常见、最基本的云关注。这些基本关注点会发生改变，以更具体的形式表现出来，比如皮特的案例（例如：孤独、无助、恐慌等）。

在图 8.3 中，我将云问题总结为六大类——生理、性 / 感官、依恋、恐惧、愤怒以及探索——这些问题会触及到所有人，而且排列顺序从最基本的进化、心理挣扎机制（包括性欲），到最基本的情感体验（欢乐、厌恶、愤怒、惊奇、恐惧以及悲痛），到情感衍生物（内疚、嫉妒、羡慕、羞愧、敌对情绪、伤心、悔恨、失望、乐观、骄傲、敬畏、轻视、服从），到各种关系模式（最基本的信任、控制需求、自尊、担心孤独 / 被抛弃），再到探索性关注，比如玩耍与社交乐趣。

喂狼

有这样一则故事，有位年老的切罗斯基印第安人给孙子讲述了所有人内心持续发生的内心挣扎。他说："这是两只狼之间的战争。其中一只是恶的，表现为愤怒、嫉妒、痛苦、悔恨、贪婪、自大、自怜、厌恶、自卑、谎言、虚荣以及优越感，这就是自我意识；另外一只狼是善的，表现为欢乐、和平、爱、希望、平静、谦逊、善良、仁慈、同情、大方、真理、怜悯以及信念；这就是精神意志。"

孙子听完，想了想，问道："爷爷，那哪只狼赢了呢？"

老人回答说："你喂养的那只。"

教练的职责在于帮助客户找到内心的那两只狼，然后去喂养正确的那只。他们应该让客户深入了解自己的内心世界与人生旅程。他们需要努力让客户获得良好的自我感觉；将他们从束缚自身的枷锁中解放出来。教练还应该帮助客户接受他们知道什么，不知道什么，不想知道什么，以及永远都不会知道什么。他们应该重视客户的认知扭曲。优秀的教练还需要擅长情感管控，能够迎合客户的心境。身为云管理能人，教练应该知道该如何将多种想法、幻想、感受、表征以及关系模式整合起来。

客户－教练的关系本质（如果能有效沟通）有利于经验再学习，客户通过接触新的人际关系体验，能够安然改变死板的关系模式。教练在应对这项挑战时，就可以引导客户对自我以及他人产生良好认识，帮助他们获得截然不同的世界观。由于客户的自我形象决定了他们本身，因此教练与客户之间动荡的主体交互场便成了纠正扭曲自我认知的平台。如果教练能帮助客户改变自我形象，就有机会对客户的行为方式进行一些纠正。毕竟，真正妨碍他们发展的并不是他们本人，而是他们对自身的消极看法。

教练在帮助客户走好人生历程时，也促进了这一转变。他们让客户认识到自己并不受以往人生事件的支配，心理健康意味着他们有很多选择。教练通过以不同的角度去看待事物，并告诉客户可以采取其他方式应对人生逆境，从而与他们共创更美好的未来。如果这些经历能够积少成多，并转化为转机，那么多多益善。

美国社会派作家、哲学家艾力·赫佛尔曾经说过："无论我们有怎样的成就，真正的为自己骄傲的时刻却很少。我们能看到自己的缺点和错误，但仍然需要别人给我们做出评判。我们需要得到别人的肯定，证明我们并没有想象得那么糟糕。"如果身为教练我们能做到这一点，就相当有把握制造转机，真正实现改变。

结 论

我希望神凡人之间的冲突会消失，占据内心的愤怒之源也能变得比蜜更甜。

——荷马史诗，伊利亚特

感谢父亲给了我生命，感谢老师使我生活得更好。

——亚历山大大帝

头脑不是需要被填满的容器，而是需要被点燃的火把。

——普鲁塔克

培训亚历山大

或许史上最著名的教练－客户关系要数哲学家亚里士多德和亚历山大大帝了——他也是马其顿王国国王，波斯帝国的征服者，以及有史以来最伟大的军事天才之一。亚历山大大帝 13 岁时，父亲菲利普二世，也即当时的马其顿国王，认为需要给儿子找位家庭教师。亚里士多德当时任马其顿皇家艺术学院院长。于是，学院所在的寺院成了亚历山大和马其顿贵族子女的寄宿学校。亚历山大当时的许多同学后来成了他的朋友，将军，其中有两位朋友后来当上了国王，即托勒密和卡山得，这些人经常被称之为亚历山大的“同伴”。

普鲁塔克曾经在《亚历山大传记》中详述过他这段培训经历。他告诉我们菲利普对培训地点的安排：“为了给孩子们提供学习与练习场所，他选择了米耶萨附近的纽墨菲寺院。直至今日，寺院还摆放着亚里士多德曾经坐过的石凳子，以及他经常去散步的隐蔽小道。”

事实证明，亚里士多德非常善于培训修辞学以及有影响力的公开演讲。他指导了亚历山大好多年，从大约公元前 343 年开始。在亚里士多德的领导力培训下，亚历山大在不断成长，他的初现天赋也逐渐走向成熟。在亚里士多德的鼓励下，亚历山大踏上了经典的希腊教育道路，其中包括历史、逻辑学、心理学、政治学以及道德学。据普鲁塔克所言，亚历山大学生时期非常优秀，后来甚至能给亚里士多德上那么一两课。

亚历山大还对《荷马史诗》产生了浓厚兴趣，尤其是伊利亚特，亚里士多德还赠给他一本批注本。亚历山大总是随身带着批注本，将它和匕首一起“放在枕头下面”。诗歌让他将阿喀琉斯当作了自己伟大生活的榜样。据说亚历山大曾经说过：“我宁愿选择短暂的辉煌人生，也不愿意忍受默默无闻的漫长。”

亚历山大在接受亚里士多德培训的过程中，还对医学以及治病救人表现出了浓厚兴趣。这份兴趣成了他生命后期的酷爱。他从亚里士多德那里学到的医学知识在很多情况下很可能挽救了他本人以及军队的性命。后来，他开始征服亚洲时，总是随时带着动物学家和植物学家。

虽然亚里士多德以科学论著最为出名，但是也出版了《伦理学》和《政治学》等著作，而且他在这些领域开展的培训极大地影响了亚历山大。亚历山大对亚里士多德的社会等级道德观与政治观尤为感兴趣。亚里士多德认为，根据物竞天择适者生存的原理，“野蛮人”和“非希腊人”注定要成为奴隶，而且也将被当作畜生对待，而希腊人则被当作亲密朋友。“野蛮人”非常凶猛、残忍、不灵敏，而且没教养，只是勉强依靠感觉来维持生命，无法超越享乐主义。亚历山大已经存在反波斯倾向了（这也是父亲的影响所致），但是亚里士多德的培训赋予了他这一命中注定使命的理性证实。

在亚里士多德的鼓励下，亚历山大非常重视荣誉、自我控制与自我否定等优点。他打算成为希腊人的英雄典范，以及卑鄙野蛮人的对照。从这方面来看，亚历山大身为榜样，偏离了父亲的传统。父亲菲利普是个享乐主义者，和许多女人生育有很多子女，总体而言生活相当奢华。亚历山大追随父亲的步伐，征服了很多城市，与此同时，他也通过实现更宏伟的目标对父亲提出了挑战。亚里士多德的领导力培训为亚历山大的最终伟大成就奠定了基础。亚历山大身为军人非常自律、有影响力，他身为领袖也很慷慨大方，尊重下属的效劳功绩。他在短暂的人生里征服了几乎半个地球，从而在人类文明史上留下了不可磨灭的印记。

亚历山大大帝的案例表明培训有助于激发人的最大潜力，扩充团队、组织、机构以及社会群体。因此，越来越多的企业与公共组织开始认识到领导力培训的重要性，认为它是管理学系以及职业发展的重要源泉。

未来的顾虑

尽管我在领导力培训方面取得了可观成就，帮助很多领导者发挥了自身潜能，但是展望未来，我仍然有很多顾虑。培训领域还存在几大需要更多关注的问题。

随着组织变得越来越复杂，针对领导力出现了新的要求，需要实现战略灵活性。这些要求不仅会对组织领导带来了压力，对领导力教练同样是压力，因为人们都指望教练帮助组织实现良好运转。我预测这意味着团队教练会变得越来越重要。但是，会有足够多的领导力教练训练有素，而且能很好地处理复杂的团队动态——以及在处理团队问题时伴随出现的各种节外生枝吗？

同样，考虑到企业管治变得越来越重要，为这些团体提供某种形式的领导力培训这一需求也会增加。并不是所有人都具备开发并执行有效组织管制、战略与风险监督、股东沟通、董事会组织与进程、高管薪酬政策、董事会评估、董事会 / 管理关系以及团队动力的技能。需要请接受过专门训练的领导力教练来解决这些复杂问题。这一工作需要对董事会动态、决策过程、冲突解决模式以及其他因素有深入了解——教练不一定具备这些技能，这些技能当然不是人人都有。

我也非常担心这样一种现状，即似乎人人都能轻松当教练。培训仍然得不到管控。人人都能自称教练，唯一的一条标准似乎是教练抚慰客户的能力。随着越来越多的从业人员自称“经理人”或“领导力教练”，问题便成了是否需要对教练或者培训过程制定专业标准或指导方针。要想控制质量，需要什么样的标准或者许可呢？优秀培训的标准很难找到。当前，领导力教练并不受制于任何形式的管理或许可要求，不过我认为将来会出现越来越多的准入障碍，尽管这方面面临着重大挑战。

我还非常担心培训过程中时常出现的伦理困境，尤其是存在很多种越界可能。在心理疗法与精神病学中，界限非常明确，但是领导力培训中界限并非同样明确。保密非常关键。经理人培训举措中存在哪些道德启示呢？应该怎样使用评估资料（个性测试与多方面反馈工具产生的结果）呢？领导力培训转化为虚假心理疗法会存在哪些风险呢？所有这些问题都需要考虑。

“经理人培训举措中存在哪些道德启示呢？”

这就引发我开始考虑培训与心理疗法之间的区别。二者之间的界限往往不明确。随着领导力培训的规模与范围不断扩大，需要明确的指导方针。具体来说，在心理疗法中，临床医师主要以过程为导向，所起的作用不具导向性。然而，领导力教练则更多地强调即时的现实问题。但是，此外还存在许多其他棘手的问题：客户是谁，是接受培训的个人呢，还是担负培训费用的组织呢？如果是后者，那么组织中谁是客户呢？还有些问题涉及一些因素，比如方法论（时间有限的方法，认知或心理动态），培训时长以及持续时间。领导力培训与心理疗法之间的模糊界限或许需要教练与心理健康专家进行进一步合作。

这些顾虑还会引发以下问题，即领导力教练是否足以处理非常复杂的心理问题。他们能否知道自己什么时候会陷入麻烦？需要什么样的领导力教练素质（以及培训）来确保专业有效的沟通呢？在这种前提下，监管非常重要，是避免灾难的安全措施。

可以预测的是，大多数培训都针对能得到最大回报的人。从投资回报率来考虑，这就意味着领导力培训会以选定的重要人物的发展为导向，尤其是所扮演角色越来越复杂的那些人。考虑到培训的高昂费用，这一决策产生的逻辑后果便是，中层或底层经理人所接受的培训往往是同伴培训，或内部指导项目。在所有这些情况下，教练与客户之间的恰当匹配就非常重要。恰当“匹配”是领导力培训运作的关键条件——关于这一话题需要进一步探究。

缺乏监管会引发对领导力培训的质量与有效性的担心。领导力培训未来能否作为合法、有效的专业服务，主要取决于可靠的实验数据，支持其作为开发经理人才能的有效工具。关于这方面已经开展了一些研究，但是仍然处于初期。需要不同学科（心理学、行为科学、社会工作、企业管理、教育、咨询、组织发展）的学者共同寻找搜集、研究以及诠释这类信息的方法。人力资源与学习发展专家也应该评估领导力培训所产生的企业影响力。他们需要确定成果目标，并针对这些目标进行评估以判断领导力培训成功与否。这些应该成为评估培训干预有效性的既定指标。转机分析也会成为后续研究的有趣方向。

为了满足当今纷繁复杂的国际工作环境需求，一些领导力教练能够自如应对跨文化培训活动。将来对这方面教练的需求会更大。这些教练需要能够借助与文化相关的方式来释放人们的潜力。往往，领导力教练不能探究丰富的文化差异，而文化差异可能会引起误解或挫败感，从而导致严重冲突、错失机会以及经济损失等。领导力教练如果能够实施跨文化沟通，就更适合利用文化差异提高自身在全球市场的竞争力。

举个例子，相当大比例的战略合作伙伴以及企业并购都过早地瓦解了，因为它们没能给合作伙伴带来预期的战略利益，而是给它们造成了经济损失。失败的主要原因往往和国家文化、组织文化当中的人为因素相关。然而，这些差异如果能得到积极理解、运用，就能为沟通、学习以及成长提供丰富的重要源泉。

最后，当今日益复杂的组织领导力也在领导力教练方面给予大量投资，因为这些教练对组织、领导力、文化以及各种进程有很深层次的认识。我预计这种系统干预会变得越来越重要，而且这种投资也会变得更为关键。在这种前提下，领导力培训就会促进改变。通过领导力培训，有助于营造培训文化，创建 21 世纪的标准化组织，也即我在第二部分提到的“可靠组织”。

“领导力培训会更多地被用作促进改变的催化剂”

“可靠”这个词源自两个希腊单词：authenteekos 和 zoteekos。从广义上来说，authentic 指的是值得信赖、真实的人或事物。作为工作场所标签，可靠这个词意为公司能为员工提供远见、使命、文化以及结构支持。zoteekos 这个词意思是“生命力”。在组织中，它指人们备受工作的鼓舞，组织能给员工带来高效感与胜任力感、自主权、积极性、创造力、企业家精神以及勤勉——即类似衔尾蛇特征的公司，能促进员工的新生与自我重新定位。

通往新生与真实之路

传说中，衔尾蛇是依靠吃掉自己的尾巴来维持生命的，它处于永恒的重生循环中。从象征意义上来讲，衔尾蛇象征着自我反省、周期性以及再创造。它表明相互对立的事物不但可以共存，而且还存在循环的相关性。从衔尾蛇的循环边界内可以发现连续、完整、重复、自给自足以及重生等现象。

在领导力培训中，改变或变形主题尤为普遍。领导需要具备各种领导力技能才能适应各种环境。虽然改变会引发顾虑，但是相比受困于心灵枷锁而言，不如选择改变。其实，不管你喜不喜欢，身为人类，我们就需要不断去经历各种形式的改变。只需要翻翻相册，就能迅速发现我们的身体变化：6 个月大的婴儿和 66 岁的老年人看似遥不可及，但是却都出现在相册里。仔细审视我们的不同面貌，思考究竟什么发生了改变？并非只有外表发生了变化。我们不再是各个阶段时候的样子了，而是发生了改变：我们成长了。但是，我们能理解这些变化吗？自我需要应对变化的模糊性，并克服自我转变。有些人渴望发生改变；其他一些人则陷入了困境。

无论是否愿意，我们所有人都会经历改变。但是，我们该怎样应对改变呢？又会如何体验它呢？我们明显的外部改变需要与内在改变相匹配。理解改变的唯一方法就是深入参与其中，并随之发生变化，因为唯有改变是永恒的。如果不情愿接受现状，而又需要改变，就会陷入悄无声息的绝望状态。

我们都很清楚，如果你去做一直以来在做的事情，那么很可能只会得到已经得到的东西。但是，要想真正到达你的目的地，就需要做些不同的事情。为了做到这一点，我在本书中介绍了优秀教练会询问一起共事的人哪些具有深刻见解、富有挑战性的问题，从而让他们走出舒适区。我也展示了参与培训的个人可以怎样对待个人挑战与机遇的新角度，从而加强思考与决策技能，实现人际效能，提高完成既定任务与人生角色的信心。在致力于提高个人效能的前提下，我还指出这方面发展有利于在生产力、对生活与工作的满足感以及与个人相关的目标实现方面取得可喜成就。我希望接受培训的人能发掘更多选择，而不是局限于认为可能的选择范围。

我希望在本书中表达这样一个观点，即培训能为经理人提供宝贵空间，来解决可信、保密关系范围内出现的问题与顾虑。培训如果奏效，就有助于降低个人挫败感，改善培训对象的工作与生活质量。此外，我还在书中展示了优秀培训可以如何改善团队，甚至整个组织的运作。我希望读者也能清晰认识到局限性观念会降低人们的信心与安全感，从而妨碍他们实现可能实现的目标。我们或许会逐渐认识到，理解自身与他人的动机因素会对我们的协作关系与效率产生重大影响。此外，我也表明了高度的自我意识有助于人们取得所有权，负起责任，并享有纠正行为与业绩难题的机会，从而增强创造力与学习，增长知识。

最后，我指出对于组织而言，领导力培训是实现更高企业业绩的长期投资，也是促进重要人物提升业绩的最有效方式。培训也能证实组织培养人才、打造有利于充分发挥最大潜能的组织文化的强大决心。

本书着重探讨了抵制与拥护改变的阴阳理论，认真审视了人们的改变态度会如何转化为各种各样的培训体验。我希望从本书吸取的经验也适应于人生。用列夫·托尔斯泰的话来说：“人人都想改变世界，却无人想到改变自己。”

作者简介

曼弗雷德·F.R. 凯茨·德·弗里斯从全新的角度来探究前人做过很多研究的领导力以及个人与组织变化动因。通过运用自身的经济学（阿姆斯特丹大学经济学博士）、管理学（哈佛商学院 ITP,MBA 以及 DBA）以及心理分析（加拿大心理分析协会与国际心理分析联盟）方面的知识与经验，曼弗雷德认真探究了国际惯例、心理分析、心理疗法以及动态神经学之间的交叉内容。他的主要研究兴趣在于领导力、职业动因、经理人压力、企业家精神、家庭问题、继任计划、跨文化管理团队建设、培训以及企业转型与变革动因。

曼弗雷德是欧洲工商学院、法国、新加坡和阿布达比酋长国著名的领导力发展与组织变革临床教授。他也是欧洲工商学院全球领导力新中心的创始人。该中心是全世界最大的一家领导力发展中心。此外，他还是欧洲工商学院高层管理项目“领导力挑战：开发情商”主任，以及经理人硕士项目“改变咨询与培训”科学顾问（同时 5 次被授予欧洲工商学院优秀教师奖）。他也是柏林欧洲管理和技术学院领导力发展研究著名的客座教授，并兼任麦吉尔大学、蒙特利尔高等研究应用学院以及哈佛商学院教授，曾经在全世界的各种管理机构授课。

《金融时报》、《资本论》、《经济周刊》以及《经济学家》都将曼弗雷德评为全世界最著名的领导力学者之一。他还位列全世界前50名优秀的管理思想家，同时也是人力资源管理方面最具影响力的贡献者之一。

曼弗雷德著有、合著或编辑过超过39本著作，包括《神经质组织》、《傻子与骗子》、《经理人快车道上的生与死》、《领导力奥秘》、《幸福方程式》、《领导者是天生的吗？》、《俄罗斯新商业领袖》、《阁楼里的暴君》、《全球经理人领导库》、《沙发上的领导》、《教练与沙发》、《沙发上的家族企业》、《性、金钱、幸福以及死亡》、《寻求真实性》、《性格与领导力的反思》、《领导力与职业生涯反思》、《组织的反思》、《培训万花筒》以及《刺猬效应：打造高绩效团队的秘诀》。同时，他还在撰写另外三本书。

此外，曼弗雷德还发表过350多篇科技论文，有些作为著作中的某些章节，有些则是以文章的形式出现；撰写了约100个案例分析，包括荣获年度最佳案例奖项的7个案例分析。他还是大量杂志的定期撰稿人。他的作品刊登在以下报刊杂志上，如《纽约时报》、《华尔街日报》、《洛杉矶时报》、《财富》、《商业周刊》、《经济学家》、《金融时报》以及《国际纽约时报》。他的著作与文章还被译为31种语言。

此外，曼弗雷德还是17家编辑部成员，还曾当选管理学会院士。他也是组织心理分析研究国际协会创始人之一。曼弗雷德还因领导力研究与发展方面的贡献而成为荣获国际领导力协会终身成就奖的第一位非美国人；他被认为是全世界将领导力发展列为单独领域与学科的创始专家之一。美国心理协会为其颁发了哈里与米利亚姆·莱文森奖（组织资讯部门），以表彰他对咨询领域做出的贡献。他还因在管理与心理分析交叉部分的贡献荣获弗洛伊德奖。此外，他还荣获哈佛培训学院颁发的卓越远见奖，同时具有两个荣誉博士学位。

曼弗雷德是美国、加拿大、欧洲、非洲以及亚洲等国家和地区著名公司的组织设计 / 转型和战略人力资源管理咨询师。身为经理人领导力发展全球咨询师，他的客户非常多，包括艾波比集团、荷兰银行、荷兰全球人寿保险公司、法国液化空气公司、加拿大铝业公司、阿尔卡特、埃森哲、贝恩咨询公司、邦・奥陆芬公司、邦尼集团、英国石油公司、凯恩、德意志银行、爱立信公司、通用金融、高盛投资公司、喜力啤酒、哈德森、联合抵押银行、天达、毕马威会计事务所、乐高、Liberty Life, 德国汉莎航空公司、伦德贝克、麦肯锡、航空航天技术情报中心、澳洲国民银行、诺华公司、诺基亚、诺和诺德公司、原点、壳牌、喜威、SpencerStuart，南非米勒、南非标准银行、联合利华以及沃尔沃汽车公司。作为教育家、咨询家，他在 40 多个国家工作过，也曾任凯茨・德・弗里斯组织负责人，这是一家小型组织咨询公司。

他被荷兰政府任命为奥兰治拿骚官员。他是蒙古国第一位飞钓者，也是纽约探险者俱乐部成员。闲暇时候，他会去中非的热带雨林或稀树草原、西伯利亚泰加林、帕米尔阿尔泰山脉、阿纳姆地或北极圈远足。

（电子邮箱地址：manfred.ketsdevries@insead.edu;

网址：www.ketsdevries.com;www.kdvi.com)

图书在版编目（CIP）数据

正念领导力：洞悉人心的管理秘诀 / (荷) 弗里斯 著；钱峰 译. — 北京：东方出版社，2016.4
（曼弗雷德管理文库）
书名原文: Mindful Leadership Coaching
ISBN 978-7-5060-8989-0

Ⅰ. ①正… Ⅱ. ①弗… ②钱… Ⅲ. ①企业领导学 Ⅳ. ①F272.91

中国版本图书馆CIP数据核字（2016）第077614号

著作权合同登记号　图字: 01-2016-1849 号

正念领导力：洞悉人心的管理秘诀
（ZHENGNIAN LINGDAOLI: DONGXI RENXIN DE GUANLI MIJUE）

作　　者：［荷］曼弗雷德·凯茨·德·弗里斯
译　　者：钱　峰
责任编辑：崔雁行 刘晋苏
出　　版：东方出版社
发　　行：人民东方出版传媒有限公司
地　　址：北京市东城区东四十条113号
邮政编码：100007
印　　刷：三河市中晟雅豪印务有限公司
版　　次：2016年5月第1版
印　　次：2017年9月第2次印刷
开　　本：880毫米×1230毫米 1/32
印　　张：8.375
字　　数：175千字
书　　号：ISBN 978-7-5060-8989-0
定　　价：49.90元
发行电话：（010）85924663　85924644　85924641